Falar para liderar

Falar para liderar

Ninguém chega lá sem falar com eficiência

7ª Edição

2020

Heródoto Barbeiro
Editor-chefe e âncora do Jornal da Record News em Multiplataforma

ACTUAL

FALAR PARA LIDERAR
NINGUÉM CHEGA LÁ SEM FALAR COM EFICIÊNCIA
7ª EDIÇÃO

AUTOR: Heródoto Barbeiro
DIAGRAMAÇÃO: Almedina
EDITOR DE AQUISIÇÃO: Marco Pace
REVISÃO: Karen Alvares
DESIGN DE CAPA: Roberta Bassanetto
ISBN: 978-85-62937-41-5

Dados Internacionais de Catalogação na Publicação (CIP)
(Câmara Brasileira do Livro, SP, Brasil)

Barbeiro, Heródoto
Falar para liderar : ninguém chega lá sem falar
com eficiência / Heródoto Barbeiro. -- 7. ed. --
São Paulo : Almedina Brasil, 2020.

Bibliografia
ISBN 978-85-62937-41-5

1. Comunicação oral 2. Fala em público
3. Marketing pessoal 4. Oratória I. Título. .

20-35721 CDD-808.51

Índices para catálogo sistemático:
1. Oratória : Retórica 808.51
Maria Alice Ferreira - Bibliotecária - CRB-8/7964

Este livro segue as regras do novo Acordo Ortográfico da Língua Portuguesa (1990).

Junho, 2020

EDITORA: Almedina Brasil
Rua José Maria Lisboa, 860, Conj.131 e 132, Jardim Paulista | 01423-001 São Paulo | Brasil
editora@almedina.com.br
www.almedina.com.br

Para Augusto de Souza Barbeiro, meu pai,
um cultor dos grandes oradores da história.

Outros livros do autor

Midia training – como usar as mídias sociais a seu favor, Almedina, São Paulo, 2020

Provocações corporativas, Alta Books, Rio de Janeiro, 2015

Jornalismo Para Leigos, Heródoto Barbeiro e Udo Simons, Alta Boooks, Rio de Janeiro, 2019

Manual de jornalismos para rádio, TV e novas mídias, Heródoto Barbeiro e Paulo Rodolfo de Lima, Elsevier, Rio de Janeiro, 2013

O budista e o cristão, Heródoto Barbeiro e Frei Betto, Fontanar, São Paulo, 2017

Com a bola no pé e a urna na cabeça, Heródoto Barbeiro e Gustavo Korte, Harbra, São Paulo, 2018

Apresentação

"Fala para que eu te veja."
Sócrates

Vivo e vivi de falar em público.

Primeiro como professor de História, depois como jornalista, gerente de empresa de comunicação e palestrante.

Nesses anos acumulei experiência em como prender a atenção das pessoas com minha mensagem. Na busca contínua da sintonia com a plateia, em auditórios, reuniões gerenciais, salas de aula ou em programas de rádio e tevê. Aos poucos fui descobrindo que a emoção tinha um papel importante na condução da mensagem e que ela é capaz de liberar o que há de melhor em cada um de nós. A aprendizagem contínua das competências de como falar me ensinou que não basta falar, é preciso eletrizar os ouvintes, e isso é possível usando a inteligência emocional. O desafio é conquistar a mente e o coração da plateia. Aqui estão enumerados os passos a passos de comunicação, mas advirto que, para a liderança, não há uma receita, uma forma mágica para se tornar líder, ainda que a comunicação seja essencial.

Foi o trabalho de Daniel Goleman que me inspirou a escrever este livro a partir de uma ótica diferente de outros trabalhos. Mande-me suas críticas.

Atenciosamente,

Heródoto Barbeiro
www.herodoto.com.br

Sumário

Introdução

"Uma mentira repetida mil vezes torna-se verdade."
Joseff Goebbels

Só de lembrar da figura de Joseff Goebbels a gente sente um calafrio na espinha. O nome desse homem está associado ao regime de terror implantado na Alemanha em 1934, o nazismo. Goebbels foi o responsável pela comunicação do III Reich e soube muito bem usar a emoção para cativar o povo alemão para as teses do Partido Nazista. O emissário dessa ideologia era o ex-cabo do exército, Adolf Hitler, orador incumbido de eletrizar a população e prepará-la para um império que duraria mil anos. Os resistentes foram assassinados ou jogados nos campos de extermínio.

Indiscutivelmente, o *Führer* conseguia, nos seus discursos inflamados, sensibilizar as massas, exaltando as paixões e movimentando as emoções humanas. Os discursos nazistas estavam eivados de emotividade e canalizavam-na na direção correta para o monopólio do poder. É verdade que havia todo um aparato que contribuía para que isso acontecesse, mas o ponto central era sempre o discurso. A palavra. A oratória. A linguagem é que nos diferencia dos outros seres e nos faz humanos, ainda que alguns a usem em benefício próprio ou a serviço da instalação de governos do terror, como fizeram os nazistas.

Recurso semelhante usou o general Napoleão Bonaparte quando assumiu o comando das tropas francesas abatidas e desorganizadas do norte da Itália. Com seus discursos emotivos e cheios de apelos patrióticos, com essa tropa, ele conquistou a Itália, bateu os austríacos e impôs sua vontade ao governo republicano francês. Napoleão era useiro e vezeiro em fazer discursos aos soldados antes das batalhas. Com isso ganhava seus corações. A mente dos soldados ele conquistava ao liberar as cidades para serem saqueadas e a população para ser assassinada ou violentada. Havia uma junção de razão e emoção, a fórmula ideal do sucesso na comunicação. Há inúmeros outros exemplos ao longo da história da humanidade de líderes capazes de fazer discursos e pronunciamentos vibrantes.

Daniel Goleman diz que o líder possui o poder máximo de controlar as emoções de todos; além disso, é possuidor da técnica necessária para passar sua mensagem a todos. Estes procuram no líder um elo emocional que lhes dê sustentação, ou seja, procuram a empatia. Esse é o ponto. Para conquistar a atenção de um auditório é preciso encontrar a empatia, ou a tendência para sentir o que uma pessoa sentiria caso estivesse na situação e circunstâncias experimentadas por outra. A fala humana é o mais eficaz instrumento para que isso se concretize.

O caminho de Tebas para uma boa apresentação corporativa ou uma palestra para qualquer tipo de público está apoiado emum único ponto. Não estranhe: quem foi que disse mesmo que se lhe dessem um ponto de apoio ele ergueria o planeta? O ponto é o treino. É fazer e refazer aquilo que provoca medo. É assim que os pilotos mais corajosos e hábeis conseguem fazer acrobacias; os jogadores marcam os gols mais mirabolantes; os atores realizam as performances mais extraordinárias. Nada melhor para combater o medo de falar em público que o treino. Não custa nada. Não paga imposto. Não tem contraindicação. É só treinar e não vai amarelar. O treino ou a prática constante aprimorarão suas qualidades de liderança e você estará apto a fazer apresentações e palestras em sua empresa ou atendendo a convites. É a partir da premissa de que o treino é responsável pela tranquilidade e segurança pessoal que desenvolvemos os outros atributos que contribuem para que as palestras tenham sucesso. A principal ferramenta para quem quer falar em público é o entusiasmo. Nada o substitui.

Ele é indispensável na hora de enfrentar o auditório. É ele que faz as pedras dançarem e as feras ficarem encantadas. Você vai ver que a tal Esfinge que devorava os passantes no caminho de Tebas era apenas um tigre de papel, como dizia oVelho Timoneiro.

Liderança é uma atitude que requer múltiplas habilidades, e uma delas é falar com os liderados. Todo mundo possui recursos necessários para exercer alguma influência sobre a vida de outras pessoas, uns mais, outros menos, depende do aprimoramento que se faz das técnicas de persuasão; uma delas é o domínio da fala, do discurso. Liderança independe do cargo na organização, sexo, beleza ou condição social e financeira. O que conta é o que está ao alcance para você influenciar positivamente; parao qual o exemplo da abertura já é suficiente.

Todos nós temos um modelo pessoal de liderança, seja um professor, um religioso, um magistrado, um advogado ou até mesmo um político. É preciso identificar, entre todas as pessoas com quem você convive, qual delas é capaz de melhor prender a sua atenção. Aquela, ou aquele, que é capaz de encantá-lo, conquistar o seu coração e sua mente. Este é um modelo que deve ser imitado, estudado e suplantado. No passado, muitos procuravam os modelos mais enfáticos, polêmicos, de grande cultura, com linguagem rebuscada como o Padre Vieira. Meu pai era um deles. Contudo, com a sociedade dinâmica, a globalização, a pressa e a necessidade das mensagens corporativas, novos modelos se desenvolveram. Mais simples, direto e com o conteúdo necessário. Portanto, também a comunicação oral está historicamente condicionada. Não perca isso de vista ou vai se arriscar a ter um discurso fora de época, muito adequado àquelas velhas academias literárias, onde boa parte do público dorme e todos cumprimentam o palestrante sem saber o que ele falou.

Todos possuem os recursos necessários para influenciar outras pessoas. Este é o resultado final da fala. Sem influência percebida e sentida, a comunicação é um fracasso, ainda que a pessoa tenha se esforçado com seu PowerPoint, microfone, iPhone, gestos teatrais etc., desenvolver recursos de influência exigem, repito, treino e aprendizado constantes. Não dá para tirar o discurso de arquivo de dez anos atrás e achar que vai ser um sucesso como foi na sua primeira apresentação. Não vai. É preciso mudar sempre, e aqui vale o conceito budista da impermanência.

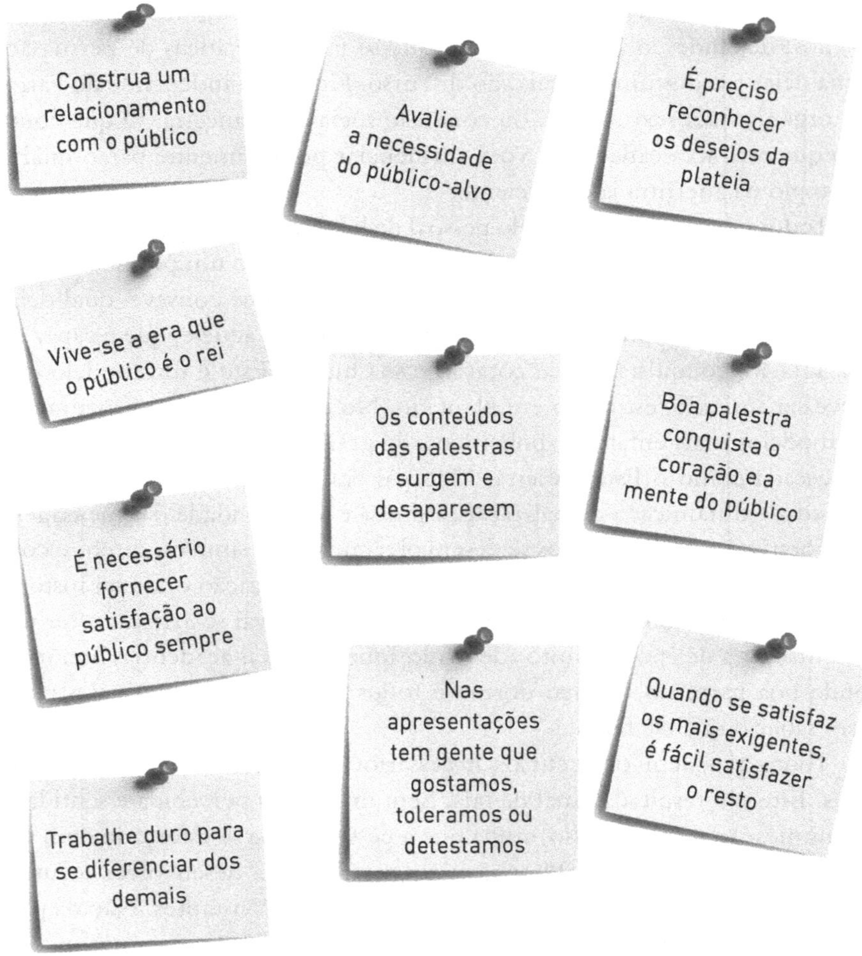
Construa um relacionamento com o público
Avalie a necessidade do público-alvo
É preciso reconhecer os desejos da plateia
Vive-se a era que o público é o rei
Os conteúdos das palestras surgem e desaparecem
Boa palestra conquista o coração e a mente do público
É necessário fornecer satisfação ao público sempre
Nas apresentações tem gente que gostamos, toleramos ou detestamos
Quando se satisfaz os mais exigentes, é fácil satisfazer o resto
Trabalhe duro para se diferenciar dos demais

O líder fala em público

"Não conheço nenhum outro método de liderança que não seja pelo exemplo."
Don Shula

"Os líderes são distribuidores de esperança."
Napoleão Bonaparte

"O público é como leão, se a gente tem medo, ele engole."
Sílvio Santos

Não dá para ser líder sem saber falar em público. O líder, o CEO, o presidente da empresa, o diretor, o gerente, o palestrante, o político, o professor, enfim, todos eles não teriam chances de sucesso se não soubessem falar bem em público. São os que conquistam a mente e o coração de suas plateias. Porém, antes de falar, conseguem controlar as próprias emoções e usam e abusam da inteligência emocional para cativar o auditório. Não são os que descrevem fatos ou situações apenas, mas são os que conseguem convencer a todos de que estão falando a verdade, que sabem o caminho das pedras, que têm credibilidade. São capazes de interpretar os fatos e comover quem os ouve.

Geralmente, os líderes eficazes são bons comunicadores, e esta técnica é possível aprender. É preciso vencer as barreiras da inibição, ainda que a comunicação pública não substitua, principalmente nas organizações, o contato pessoal. De uma forma ou de outra, ele precisa construir uma narrativa. Esta é, muitas vezes, o ponto principal da comunicação, e leva as pessoas a participar. A narrativa personaliza a fala do líder, e isso pode suscitar reações emocionais favoráveis. Por meio dela é possível avaliar o outro lado da liderança: os seguidores. Estes esperam, no discurso do líder, autenticidade, relevância, entusiasmo e comunidade. Querem que os líderes revelem quem de fato são e alguns diferenciais realmente humanos.

O compromisso firme com visão e valores pessoais claramente articulados entusiasmam a plateia, não importa quantas pessoas estejam lá. Alguns são capazes de proporcionar elementos eletrizantes, de proporcionar a todos a sensação de que são parte de algo maior e de se relacionar com os outros líderes.

Uma das características do líder é seu discurso. A habilidade de falar, de conseguir sintonia com seus liderados, lhe dá condições de dirigir o grupo e ser respeitado por ele. O líder é capaz de fazer com que as pessoas anseiem por sua fala, porque dela deriva algum ganho para todos, como dicas, orientações e palavras de bom-senso. Ele é aguardado e não repudiado pela assistência.

Goleman diz que os líderes falam mais que todos os outros, e o que dizem é ouvido com mais atenção. Falar mais não quer dizer iniciar uma longa e enfadonha apresentação em que muitos dormem. Principalmente depois do almoço. Falar muito quer dizer usar o tempo necessário para que o assunto, de forma sintética, seja apresentado a todos. Quem determina o tempo é o assunto e não o desejo de falar simplesmente. Quantas vezes você já participou de reuniões gerenciais e ouviu a mesma exposição? Houve perda de tempo e de interesse pelo que estava sendo falado. Esse é o mau caminho, é o caminho do antilíder. Repetindo o que está escrito aí em cima, quem faz a comunicação é a orelha e não a boca.

É possível identificar a fala do líder porque ele é citado pelos demais em seus discursos. Geralmente é o que fala primeiro, os outros preferem esperar todos falarem para depois explorar os pontos mais importantes e conduzir a reunião para uma maior produtividade. Ele tem uma posição na reunião que é importante mesmo quando não fala. Ele é sempre observado pelos membros do grupo e quando alguém fala, ou apresenta uma questão, todos se voltam para o líder e esperam para ver qual é sua reação. Isso mostra que sua liderança vai além do que ele diz. Nem sempre o líder de fato é aquele que tem o título. Ele pode não ser o diretor, gerente ou qualquer outra designação funcional ou burocrática, e ainda assim liderar. Seu diferencial será sua fala, principal instrumento de sua liderança. O líder distribui elogios, se cala ou ainda faz críticas, e tudo o que diz é avaliado por todos, e geralmente ele é acatado como o mais sábio.

O líder capaz de falar para a mente e o coração da sua plateia é o que de fato lidera, não importa qual sua posição funcional na empresa. Ele faz discursos carregados de emoção e com isso espalha uma paixão contagiante que o transforma em um verdadeiro ímã humano; é irresistível e suas propostas são geralmente aceitas, estejam elas corretas ou não. Portanto, é preciso empolgar sempre em uma apresentação, obviamente na medida em que o tema, a plateia e o assunto permitem. Há que se ficar atento para a fronteira entre o que é empolgante e o que é ridículo. Essa fronteira não é fácil de ser identificada, por isso é preferível ir aumentando a dose de emoção em cada palestra, até achar o tom adequado para aquela comunicação. É bom saber que, em termos de influência, o que conta não é o que você sabe, mas o quanto você consegue transmitir de conhecimento.

A iniciativa é outro atributo do líder. Enquanto alguns ficam pensando na morte da bezerra, ele procura soluções, e quando as encontra, procura influenciar positivamente uma situação. Claro que com isso corre riscos, mas é bom você saber que não existe liderança sem riscos. Pergunte a Júlio César, quando decidiu atravessar o Rubicão. Liderar não quer dizer ser agressivo, mas propositivo. O líder está focado em resolver, e não criar mais conflitos.

Segundo Abraham Lincoln, ações falam mais do que palavras. Ele exerceu sua influência em um momento decisivo da história dos Estados Unidos, a guerra civil que poderia ter destruído a federação americana e consolidado o abominável sistema escravista.

- Não se exponha ao falar de coisas que não lhe provoquem entusiasmo. Isso vai ser facilmente percebido por todos e vai gerar dissonância, fazendo com que os participantes se distraiam e o líder perca um de seus maiores atributos, a credibilidade.
- Algumas pessoas não escondem sua irritação e acham que isso é uma forma de mostrar liderança e prender a atenção da assistência. Raramente isso dá certo. O velho Aristóteles dizia: "Irrite-se com a pessoa certa, do jeito certo, na hora certa e pelo motivo certo". Como você vê, essas ocasiões são raríssimas.

- Ninguém nasce sabendo como eletrizar um auditório, aprende-se. Chaplin dizia que a persistência é o caminho do êxito.
- As apresentações bem-sucedidas são a grande oportunidade para demonstrar que líderes eficazes adotam e defendem um ponto de vista. Como sustentá-lo sem uma boa preparação e exposição? Só com uma boa apresentação é possível mostrar a totalidade de suas convicções e convencer os demais de seus propósitos. Essa é a oportunidade para demonstrar a integridade, clareza e honestidade capazes de conquistar corações e mentes.
- Uma boa palestra pode tornar você popular onde quer que se apresente. Mas isso não é tudo. É preciso mais. É preciso sair dela com a certeza de que você é mais respeitado do que quando entrou, e para ser reconhecido como líder, é preciso ter uma ideia clara das coisas que acredita, da direção que pretende dar ao tema abordado e que você não está disposto a fazer concessões ao que não acredita.
- Nem todas as apresentações se constituem no sucesso que se imagina. É necessário reconhecer quando alguma coisa saiu errada e saber aprender com o fracasso da exposição, e depois disso deixá-lo para trás. É como um livro, depois de ler e aprender o que uma página contém, basta virá-la. Mas só virar a página depois do aprendizado. Virar e não mais falar a respeito disso. Não se intimide com o fracasso de uma apresentação, não se encolha, não se menospreze. Já vi líderes se saírem mal em uma palestra e se tornarem brilhantes em outras. Faz parte do aprendizado errar e acertar em seguida e repetir a fórmula quantas vezes for necessário. Não desanime. É apenas uma questão de treino e de aprendizagem.
- Um dos atalhos mais curtos para o fracasso é a arrogância. Isso indispõe toda a plateia para as coisas que você vai dizer. Só os puxa-sacos dirão que sua apresentação foi genial e que você é tão sensacional a ponto de ninguém ousar fazer nenhuma pergunta. Conheci um grande professor de história, dono de uma técnica invejável de apresentação e conhecedor profundo do que dizia. Reunia as duas melhores características para uma boa palestra. Contudo, era arrogante. Achava-se o insuperável, e tratava o auditório como um bando de imbecis, incapazes de ser tão bons quanto ele. Aos poucos foi recebendo o rótulo de esnobe, arrogante, antipático etc. Depois

de algum tempo era rejeitado pela maioria. Sua fama espalhou-se e, quando aparecia, já era julgado pela plateia antes mesmo de abrir a boca. Uma vez rotulado de arrogante, o palestrante vai precisar de muito treino e humildade para recuperar a admiração perdida. Sem uma boa dose de admiração do público, dificilmente alguém se sairá bem em uma apresentação.

- Não confunda respeito com popularidade.
- Não se preocupe se algumas pessoas na plateia gostam ou não de você. Mostre na sua fala que o que deseja estabelecer com sua apresentação é um relacionamento de respeito mútuo, que você não é o dono da verdade nem o descobridor da pólvora. Cite à vontade nome de pessoas que contribuíram com ideias ou posturas sobre o tema que está desenvolvendo. Isso vai trazê-las para mais perto de você. Elas vão se sentir lisonjeadas, prestigiadas, e só podem pagar com a mesma moeda. Reconheça o valor dos outros. Não caia na tentação de apropriar-se de ideias dos outros e apresentá-las como se fossem suas. Vai se dar mal. Essa prática é mais comum do que se imagina tanto no ambiente corporativo como no mundo das palestras.
- Cuidado com a distância que há entre o que está dizendo na sua apresentação e o que faz habitualmente. Isso é mais perceptível quando a plateia é formada por pessoas com as quais se convive no dia a dia. Vale também para palestras para público desconhecido, uma vez que essas informações passam de boca em boca ou são propagadas pelas redes sociais. Assim, sempre paute o que diz pela ética, pela construção contínua de um ambiente próximo ou remoto de respeito. Lembre-se da afirmação de Gandhi: "Comece em você a transformação que quer ver no mundo".
- Limite o número de objetivos que pretende atingir com sua palestra. Não abra muito o tema; caso contrário, torna-se mais difícil tanto defender seus argumentos quanto responder às questões que surgirão. Faça como o irmão Horácio. Conta a lenda que Roma e Alba Longa decidiram fazer uma guerra. A região do Lácio não comportava duas cidades. Quem perdesse seria incorporada na outra. Se sobrasse alguém da guerra. Por isso os anciãos propuseram que a contenda fosse resolvida em uma luta de três contra

três. Roma destacou os três irmãos Horácios. Alba Longa, os três irmãos Curiáceos. No primeiro embate no campo, dois Horácios morreram e um saiu ileso. Do lado dos Curiáceos, um estava muito ferido, outro, pouco ferido e o terceiro, ileso. Virou três contra um. Horácio começou a correr em volta da arena, sob vaias e gritos de covarde. Os Curiáceos separaram-se com dificuldades de locomoção. Horácio quando percebeu isso virou-se e matou um a um. Roma foi vitoriosa. Não é preciso matar ninguém, mas selecione os objetivos.

- Cuidado para não cantar vitória antes do tempo. Uma palestra, como você verá mais adiante, só é um sucesso depois de avaliadas e absorvidas as críticas. Não estufe o peito e comece a cantar de galo, afirmando que dirá isto ou aquilo, perdendo o senso de comedimento. Vá devagar, porém resoluto de que o que tem a dizer é importante para todos e para você também. Imagine-se um jipe com tração nas quatro rodas avançando firme sobre os obstáculos que surgem. Deixe a imaginação ser uma Ferrari para os artistas.
- Tenha sempre um norte na sua palestra. Antes da apresentação, exerça seu espírito crítico e veja se o que vai dizer tem coerência, por mais polêmico que possa ser. Polêmica com o auditório aceita, até gosta; incoerência não. É outro atributo do fracasso, que se pode perfeitamente evitar se você entender que, mesmo sendo uma estrela de primeira grandeza na sua área de atuação, é fundamental ter bom-senso. Não economize bom-senso. Use-o à vontade.
- Conheço inúmeros professores universitários, titulares de determinados assuntos, que fazem uma palestra inaugural e... somem. Acreditam que continuam liderando e sendo conhecidos pelos seus saberes o ano todo. Grande engano; não se pode liderar pessoas a distância. Vai permanecer quem estiver em contato constante com o público, e não o cometa Halley, que aparece a cada 76 anos.
- Lembre-se de que fazer apresentação na posição de líder é um teste para o caráter, uma vez que o papel que você desempenha é altamente visível e as pessoas exercem seu espírito crítico com mais conhecimento e liberdade.
- O caminho para o sucesso como palestrante é longo e árduo, mas gratificante. Há parâmetros que não podem nunca ser abandona-

dos, não importa quanto tempo se esteja nesse caminho de Tebas: lealdade para defender suas convicções publicamente; insistência em aperfeiçoar sempre; disposição de mudar toda vez que for necessário; manter sempre a estabilidade e o equilíbrio; guiar-se com coerência e expor suas ideias com responsabilidade e honestidade.

- Se você tem condições de montar uma equipe para a preparação de uma palestra composta de seus colaboradores na empreitada, não se esqueça de reunir em torno de si os que têm habilidades para formatar as apresentações; que haja espírito de equipe e cooperação, afinal, você é apenas a parte visível do trabalho. Crie e incentive um espírito esportivo na equipe e procure tornar tudo uma grande diversão. Quando fazemos o que gostamos, estamos nos divertindo. Algumas pessoas me perguntam como sou capaz de trabalhar tantas horas por dia. Eu não trabalho, me divirto. Quando estou trabalhando é sinal de que alguma coisa está errada. Se há preocupação, há trabalho. Se não há, é pura diversão. Experimente.
- Os líderes são os que sabem que é preciso mudar sempre. Para proferir boas palestras utilize o conceito nipônico do *Kaizen*, a melhora contínua, para aprimorar suas apresentações.
- Você vê por aqui que a comunicação é, na minha opinião, a ferramenta mais importante da liderança. Ela é capaz de influenciar pensamentos, atitudes, emoções e gerar resultados pessoais e corporativos.
- A reação do distinto público, mesmo que apenas gestual, é um indicativo de como anda a sua apresentação. É óbvio que o balançar positivamente a cabeça na plateia diz uma coisa e o bocejar diz outra. Por isso é preciso estar atento às reações das pessoas para calibrar o conteúdo e a forma da comunicação. É o mesmo que faz o comandante durante o voo, sempre corrige a rota, altitude etc. Lembre-se do que Churchill dizia, que um bom discurso deve esgotar o assunto e não a plateia.

A superioridade da mesmice torna-se irrelevante
Identifique o tema da reunião
Indique os interesses do público
Avalie desejos da plateia
Conheça os interesses de cada plateia
Leve em conta as características da plateia
Adapte o tema para cada público
Mude o discurso, se necessário
Conheça as metas do organizador do evento
Monitore a atitude da plateia
Descubra quem vai falar antes de você
O que desejo que minha plateia saiba, faça e/ou sinta?
Certifique-se quanto tempo tem para falar

O que me atrai em você?

"Líder é um mercador de esperança."
Napoleão

"Eu tenho um sonho."
Martin Luther King

"A criatividade é uma flor delicada, que tende a desabrochar com elogios e a marchar com desistimulos, quando ainda é botão."
P. Kotler

Imagine você na convenção anual da empresa, naquele belíssimo hotel cinco estrelas, com colegas vindos de todas as regiões brasileiras e até de outros países, em uma cerimônia de gala para um auditório imenso, todo mundo de terno e gravata, esperando seu discurso para iniciar o jantar e a entrega dos prêmios para os que se destacaram naquele ano de grandes dificuldades, mas que a empresa conseguira, ainda assim, crescer. O mestre de cerimônias, formalmente, soletra seu nome, você é aplaudido, levanta-se de sua poltrona na primeira fila e chega até a tribuna de honra, abre a pasta onde está o discurso e com uma voz forte, pausada e vibrante diz: "Eu tenho um sonho". Pode ter certeza de que o auditório viria abaixo, se o que eu descrevi não fosse apenas um sonho e a frase de propriedade do pastor luterano aí de cima.

E o que é que o pastor tinha que foi capaz de fazer progredir um imenso movimento pela igualdade social nos Estados Unidos, na década de 1960, capaz, inclusive, de atrair muitos brancos? Tinha o mesmo que teve Napoleão, Gandhi, Nelson Mandela, Juscelino e outros: CARISMA. Contudo, muitos dos crimes contra a humanidade foram e são atribuídos a líderes carismáticos, de Hitler e Idi Amim a Muammar Kadhafi. Por isso precisa estar no bojo da liderança o conteúdo ético, o que impede uma única pessoa a manipular os esforços de muitas outras.

Antes que você pense que carisma seja um atributo divino que só poucos eleitos possuem, ou então que é de origem genética, fique sabendo que não é nem uma coisa nem outra. O carisma é um atributo que as pessoas adquirem durante a vida, como a habilidade de falar em público. Para ser carismático não é preciso lançar mão da picaretagem ou do misticismo vulgar, nem se achar o novo messias. Basta identificar suas características e praticar.

- O carisma é uma qualidade do líder. Todo mundo tem mais ou menos carisma. O reconhecimento depende das situações e dos ambientes em que as pessoas atuam. Isso não quer dizer que algumas pessoas não tenham mais facilidades do que outras para o desenvolvimento carismático.
- Pessoas comuns, como nós, precisam identificar, com a ajuda de amigos ou de especialistas, quais são nossas limitações e fraquezas para que elas possam ser superadas.
- Isso quer dizer, em outras palavras, que o carisma pode ser cultivado e desenvolvido por pessoas comuns, desde que treinem a liberação das energias comunicantes existentes dentro delas. Uma das que mais criam obstáculos é a inibição, que pode ser superada com a ajuda de um psicólogo.
- Os componentes do carisma certamente não caberiam neste capítulo, originalidade, convicção, postura ética, personalidade, confiança, fé nas suas ações, persuasão, comunicação, desinibição, humor, resistência, persistência, emotividade e outros atributos. Eles não são propriedade de nenhum ser humano em especial, estão à disposição de todo mundo, basta colhê-los e praticá-los com sinceridade. Isso põe por terraas teorias difundidas por alguns autores de autoajuda quepregam que o carisma está apenas à disposição de quem é dotado de uma individualidade excepcional, ou alguém

que tenha uma licença divina, ou mágica, ou diabólica, ou qualidades especiais de liderança.

- Um dos líderes que mais desenvolveu o carisma foi o ditador nazista Adolf Hitler. Até hoje se fala dele, não só pelos horrores que imprimiu à humanidade, mas também pelo domínio que conseguiu sobre o povo alemão. Hitler, quando era um simples pintor ou soldado do exército alemão, não tinha nenhum carisma evidente, isso só conseguiu ao se associar com experts em comunicações, política, domínio de massa, e ao obter o apoio dos grupos de bate-paus que fiscalizavam as concentrações do Partido Nazista. Ele aprendeu as lições de Goebbels e de outros seguidores e as pôs em prática de forma magistral.
- A linguagem corporal também se traduz em carisma. É o que se chama de mensagem silenciosa, que é expressa por meio das expressões faciais, gestos e roupas. Não é à toa que quem quer se fazer notar procura usar uma roupa diferenciada, transada. É uma forma de chamar atenção para si, por isso é que alguns artistas exageram nas roupas e até lançam moda. Já vi palestrantes de ternos Armani e descalços, de calças jeans e camiseta regata. Obviamente para públicos diferentes. Imagino o que aconteceria se trocassem de roupa antes de suas apresentações...
- As pessoas mais atraentes são aquelas que sabem que é preciso se reinventar sempre. Saber a lição do mestre Confúcio que dizia que "só o que muda permanece". Por isso é necessário atualizar sempre o conteúdo e a forma das apresentações. Guardar fórmulas velhas é um passo para o insucesso. Lembro-me de um professor no curso de História da Universidade de São Paulo (USP) que todo ano levava as mesmas fichas para dar o curso. Só de olhar a sala já retorcia o nariz. Lá vem coisa velha. A conciliação ficava cada vez mais difícil, pois o amarelado das tais fichas indispunha os alunos. Obviamente hoje elas está em um lap top, mas ainda assim, velhas.
- Atualize sempre sua palestra. Se ela ficar muito tempo no arquivo, quando for usá-la, refaça-a. Não confie em coisa ultrapassada. Não seja preguiçoso se quiser se sair bem em uma apresentação.
- Lembra-se daquele técnico de futebol que dizia que "em time que está ganhando não se mexe"? Está desempregado.

- O líder é uma pessoa que vende sonhos, é capaz de eletrizar pessoas para alguma coisa que não existe, mas que ele julga capaz de realizar. É uma visão do futuro e a linguagem é o canal para a comunicação desses sonhos. Isso não quer dizer que não entenda da realidade, do que está acontecendo. Lembre-se de Martin Luther King.
- Nas empresas atuais, diz Goleman, uma das muitas funções da liderança é canalizar as emoções coletivas em direção positiva e limpar o que ele considera um nevoeiro tóxico, e isso é feito pela palavra. Dê uma olhada no passado da humanidade. Quantos líderes nacionais você conhece? E os emocionais, vibrantes, otimistas? Você já percebeu que difundir o otimismo é uma qualidade primordial do líder? Você já viu alguém liderar, salvo em poucos momentos, sem um discurso cheio de otimismo? Portanto, não economize otimismo em suas falas. Há ressonância, diz Goleman, quando os líderes conseguem estimular as emoções positivas.
- É normal que o líder, pelo conteúdo de sua fala, pela técnica que usa, por sua simpatia e otimismo seja o mais esperado. Por isso ele é o que mais fala. Isso não quer dizer que ele seja um verbomaníaco. É uma pessoa atenta ao que se passa em sua volta e, por isso, geralmente é o primeiro a falar. Como você pode avaliar a fala de um verdadeiro líder? Simples, as pessoas que falam depois dele citam-no constantemente. Nem sempre o líder institucional é o líder de fato. Este é o líder emocional, um elemento que falta ao outro. Em uma constatação como essa, um está cotado a ser promovido, e o outro, a procurar outro emprego.
- Não dá para fazer um bom discurso sem paixão. Ela é a responsável pelo contágio de todos. É uma mistura de convicção com entusiasmo. Não dispensa o brilho nos olhos, salpicado de muito humor. É muito mais facil falar para um auditório que ri, e para tanto é preciso sorrir, não necessariamente contar piada. Rir quer dizer que está tudo bem, e todo mundo se funde em uma só dimensão e fica receptivo ao que se está dizendo. Você gostaria de trabalhar com um chefe resmungão? Por acaso não é você? Fazer um discurso com raiva dificilmente eletriza a plateia. Pode infundir medo, mas não liderança, apoio. Troque o mau humor pela vibração e sinta os resultados.

- Você já viu algum brilho nos olhos de sua plateia? É a presença da ressonância. Tudo vibra positivamente. Há a presença do coração naquilo que se fala. Essa é a diferença entre o chefe e o líder. Quando o chefe sente que não tem liderança, ele aprofunda o descontentamento entre os seus liderados, liderando pela raiva, ódio, ameaça ou silêncio tumular. Com um chefe desses, tipo Drácula, não há auditório que se entusiasme. Muitos tentam explorar as emoções do auditório a qualquer custo, usando a demagogia. Ela cabe em qualquer discurso ou apresentação que se vai fazer. Porém, se você está tentando usar a demagogia em suas falas, lembre-se de que ela é facilmente detectável e em pouco tempo. Se você for carimbado com o rótulo de demagogo, vai ser difícil se livrar dele. É mais ou menos como jornalista quando é carimbado de "jabazeiro", ou venal. Por isso, prefira nas suas apresentações o otimismo, a paixão, o entusiasmo e a alegria.
- Repito que liderança é uma habilidade que aprendemos ouvindo os outros, observando e, sem nenhum constrangimento, imitando os sons. Com o tempo você vai desenvolver o seu próprio jeito de liderar. Você tem dez segundos para dizer em voz alta quem é o seu modelo de líder. O meu é o Nelson Mandela. Não é o Tiririca.
- O líder pode prescindir da escuta, mas nunca da fala. Jesus, Sócrates, Maomé, Moisés, Buda não deixaram nada escrito, no entanto, seus seguidores eram admiradores dos seus discursos. Todos eram muito carismáticos e uma das características comuns entre eles é que acreditavam fortemente no que diziam, ainda que fossem contestados, criticados e até mesmo perseguidos. Portanto, o seu primeiro passo deve ser reunir as crenças e depois sair em sua defesa.
- A mais confortável definição de carisma é "a habilidade de atrair as pessoas para si", e para isso é preciso praticar a simpatia, honestidade, sinceridade, transparência e coerência. O líder compartilha o sucesso com todos e assume a maior parte da responsabilidade por um fracasso.
- Quando é que você, que quer ser um líder, vai começar a pôr em prática as dicas deste livro? Quando vai parar de encontrar desculpas para não começar? Quando vai entender que o líder não fica deitado em berço esplêndido na zona de conforto?

- O equipamento de informática à sua disposição na empresa não substitui o olho no olho. É preciso um contato constante entre o líder e o liderado, o que não se confunde com assédio moral, que em algumas empresas virou uma forma específica de gestão.
- O que mais uma organização precisa é de líderes e no entanto a maior parte deles são apenas administradores.

A palestra deve ser um conceito que soluciona o problema de alguém
Tenha uma apresentação curta, interessante e simples
Construa sua credibilidade
Não encha linguiça
Não tire os olhos da plateia
Agradeça ao apresentador
Dê o roteiro e o currículo ao apresentador com antecedência
Atualize sempre sua apresentação
Atenção com a linguagem corporal
Teste o microfone
Veja se o material de apoio está correto
Ligue a apresentação ao seu discurso
Ensaie com o apresentador/mestre de cerimônias

Eu sou a mosca...

"Os líderes devem atuar como professores que ensinam os demais a serem líderes."
Philip Kotler

"A arte da conversação está em escutar."
Maleoln Forbes

Claro que você se lembra do Maluco Beleza cantando *a mosca que pousou na sopa*. Ele é um artista que passa por várias gerações e a rapaziada ainda curte o Raul Seixas. Não é bem essa a mosca que quem se propõe a falar em público mais aprecia. Para ajudar em uma apresentação nada melhor do que ouvir a mosca voando no auditório. É sinal que o orador conseguiu tal grau de ressonância que o aproveitamento do que diz vai, com certeza, ser muito bom. Já ouvi e vi muitas apresentações em que só se ouviam o zumbido das moscas e o auditório ficava eletrizado.

Em um sábado de manhã, estava de plantão na TV Cultura e um aparelho de tevê na redação estava ligado em outro canal. Ela transmitia um culto dirigido por um bispo evangélico cujo nome não me recordo. Vez por outra as câmeras mostravam um auditório atento, onde havia ressonância na pregação do pastor. Apressada e preconceituosamente julguei o que via: um auditório preparado para demonstrar atenção, uma claque para ser usada como marketing da Igreja. Passei a prestar atenção ao que o bispo dizia e fiquei ouvindo-o por mais de 40 minutos. Foi pura precipitação minha. Ele falava tão bem que conseguia manter o auditório atento e ao mesmo tempo captar a atenção dos telespectadores. Inclusive eu. Era um show de convencimento tanto pelo conteúdo – pareceu-me muito mais um discurso de aprimoramento gerencial – quanto pela forma de apresentação. Era possível ouvir moscas voarem.

Até mesmo em enormes salas de aula de faculdade testemunhei professores falando com o mais profundo silêncio como moldura de suas aulas. Como eles conseguem isso se não há nem notas, nem lista de presença para constranger os alunos a prestar atenção? Cheguei à conclusão de que são pessoas carregadas de carisma, que conseguem provocar ressonância. Imagine um professor dando aula de química para 250 jovens animadíssimos, contritos, ouvindo o que ele tem a dizer.

Você vai dizer, mas logo química? Pois é, lembro-me das aulas de química de um médico, um dos campeões de audiência e respeito dos alunos. Na área de humanas, professores de literatura, história conseguiam a mesma façanha. Esses e outros professores eletrizavam os auditórios. O principal recurso deles: a voz e o conteúdo. Tudo devidamente temperado com carimã.

- O auditório tem que estar disposto a ouvir o que você tem a dizer. Sem isso, nada feito. Ajuda muito preparar a plateia dizendo inicialmente quais são as vantagens que as pessoas vão ter ouvindo sua palestra. É uma forma de capturar a atenção pelo lado prático, pelo conteúdo, pelas dicas que você vai dar e que levarão todos a sair ganhando. Essa rápida introdução ajuda muito a cativar o público, independentemente do seu brilho pessoal e de sua performance como orador e expositor. Ninguém consegue a atenção real das pessoas se não for por interesse, curiosidade e admiração. Modelos de gestão apoiados no medo só produzem chefes e subordinados, jamais líderes e liderados. O líder sabe que o conhecimento técnico nada tem a ver com a habilidade de gerir pessoas.
- Não estique sua palestra. É um convite para que as pessoas deixem de ouvir o que você tem a dizer. Ela deve ter o tamanho exato do conteúdo. Nem mais, nem menos. O *timing* correto ajuda porque proporciona ritmo na exposição do tema.
- Resumir uma apresentação é um risco. Muitas vezes, um palestrante se sai bem no período de tempo que está acostumado para

desenvolver as ideias de sua apresentação. Enxugar uma palestra de uma hora para 30 minutos, geralmente, não fica bom, mesmo para palestrantes experientes. Eu mesmo não gosto. Prefiro ser avisado com antecedência e planejar uma nova apresentação.

- Você se lembra do curso de marketing em que o expositor insistiu em ações de pós-venda e disse para não se abandonar pura e simplesmente o cliente depois da compra? Isso vale para os palestrantes. Depois da apresentação e do debate atenda atenciosamente as pessoas que o procurarem. É o seu pós-venda. Se o assunto for complexo e não der para resolver na hora, deixe seu cartão com a pessoa e peça que envie um e-mail. Nunca se negue a dar autógrafo em seu livro apresentado por um leitor. Seja gentil sempre. Nunca bata boca com um espectador. Não aceite provocação. Deixe pra lá, siga seu caminho de sucesso.
- Sinceridade sempre, ou como diz um jornalista especializado em *show business*: "Dignidade já!". Se você quer mesmo conquistar o coração da plateia, seja autêntico.
- O ideal é que sua apresentação ou palestra se transforme em uma conversa informal com os que o acompanham. É claro que isso é mais difícil quando se trata de um auditório ou mesmo ao redor de uma mesa de reuniões da empresa. Por isso, deixar o tratamento cerimonioso de lado ajuda a aproximação. Em vez de senhores e senhoras, é melhor usar você. E sempre que possível usar o nosso, a nossa, o que reforça a cumplicidade entre você e os que o ouvem.
- Vou repetir: cuidado para não se afastar do tema central. Deixe os apostos e explicações secundárias de lado. Edite sua apresentação. Vá no essencial, deixe o acessório para as perguntas. Procure seguir rigidamente a espinha dorsal do raciocínio que contém a mensagem que você quer transmitir.
- Não se esqueça de que o objetivo de sua fala é convencer, persuadir. Sem isso, nada feito. A pior avaliação que pode receber é um comentário furtivo: "Falou muito e não disse nada".
- Cuidado com a demagogia. São oradores que falam o que não sentem, dizem o que não enxergam, pregam o que não acreditam, e se emocionam sem sinceridade. Lembre-se de Churchill: "Ninguém é capaz de enganar todos sempre".

- Estereótipos nem pensar. Vermelhos, gringos, aleijados, menores infratores, pessoas de cor, gagos etc. Isso é um desrespeito e, além disso, desponta a indignação de quem é provido de bom-senso. Um estereótipo pode até arrancar uma gargalhada do auditório, mas o custo posterior é muito alto. Não vale a pena.
- A vontade de fazer uma boa apresentação é a grande motivação. A mudança para ser um bom palestrante abre a perspectiva para a realização dos sonhos e ideais de nossa vida e ajuda a mudar o comportamento diante de uma plateia.
- A simples identificação de uma má atuação em público, por si só, não possibilita um aprimoramento das novas apresentações. Conheci pessoas que sempre cometiam os mesmos tropeços e não mudavam. Geralmente, pessoas refratárias a críticas e sugestões, o que, na minha opinião, era manifestação de insegurança.
- Nada melhor para estragar uma apresentação corporativa do que permitir a contaminação do discurso com rivalidades, disputa de poder, altercações e outros atritos. Um santo remédio para piorar a situação é lançar farpas nos rivais ou usar, propositadamente, meias palavras. É claro que todos nós procuramos ler e ouvir nas entrelinhas, por isso não tente passar recados hostis subliminares, pois a interpretação do que se disse, nem sempre, é o que se disse. Lembre-se da professorinha que insistia em recordar o ditado: "Quem planta vento, colhe tempestade".
- Não se esqueça nunca de que uma apresentação pública está carregada de conteúdo emocional. É da sua natureza; por isso, use a emoção a seu favor, e não contra você. As emoções são contagiosas, ou você não chorou quando assistiu ao filme *O carteiro e o poeta?* As pessoas que assistem à palestra prestam atenção no comportamento e nos sentimentos que o palestrante quer passar. Você vai se arriscar a passar ódio, cizânia, escárnio, soberba, arrogância? Se vai, pode se alistar na Legião Estrangeira dos Odiados.
- Um palestrante habilidoso consegue criar naturalmente uma atmosfera amistosa e cooperativa e que só pode trazer resultados positivos. Ela se torna o recado do líder se transmitir inteligência, proatividade, criatividade, competência, foco e comprometimento.

- Não se abale se alguém dormir na sua apresentação. Isso já aconteceu várias vezes comigo. Dormir na maior parte das vezes não demonstra desinteresse, hostilidade, nem que a sua palestra seja uma droga. Ele está cansado. Eu nunca acordei quem quer que fosse. Deixe-o descansar, e concentre-se nos outros.
- É preciso ter e demonstrar entusiasmo sobre o que se está falando. Sem entusiasmo dificilmente alguém conquista a plateia. Se o tema proposto não é do seu agrado, só há duas saídas: prepare, treine, treine de novo, encha o peito e vá em frente, ou desista da palestra. Como você não é alguém de desistir, e sim de aceitar desafios... só há uma alternativa.
- Inovar é abrir-se para críticas. A vida nos tem demonstrado isso constantemente. Por isso, esteja preparado para suas palestras inovadoras, pois as críticas serão ainda maiores. Avalie o grande desafio que vai submeter o público e não lance mais polêmica do que você é capaz de administrar na palestra, sob o risco de ficar soterrado de indagações não respondidas.
- Lembre-se que não há meio termo, ou inovar ou perecer. E se a inovação não for bem sucedida o resultado é o mesmo. Ainda assim é mais seguro apostar na inocação do que na mesmice. É preciso gerenciar a inovação com acuidade.
- Quero enfatizar que a inovação deve ser gerenciada com cuidado como um conjunto de processos entre os quais se incluem desenvolvimento de ideias, triagem de ideias e experimentação em apresentações corporativas ou para público aberto.
- Se eu quero que minha apresentação tenha importância, tenho que ter informações exclusivas, tenho que dizer coisas de uma forma que ninguém disse antes.
- Peça auxílio para alguém que você considere um bom orador. Ele é a melhor pessoa para ajudá-lo. Não tenha medo de resolver com ele suas principais dúvidas.
- Não tema a si mesmo. Aprenda quem você é, pois assim vai saber utilizar sua sabedoria em prol de uma boa apresentação. Afinal, quando todas as forças da mente se alinham rumo a uma única meta, nada pode atrapalhar seu sucesso. Não avança quem nada experimenta. Revezes e dificuldades devem ser aproveitados para

nosso aperfeiçoamento, como incentivo a novas realizações. Não economize ao reconhecer as qualidades de outros oradores. Seja generoso na sua avaliação. A generosidade é um estado mental profundo, baseado no reconhecimento de que o bem-estar do próximo é tão importante como o nosso. É uma qualidade do líder.

- Quando tiver que dizer coisas duras, lembre-se de Che Guevara *"pero sin perder la ternura jamás"*. Isto é ainda mais importante vindo de um revolucionário que, com armas na mão, derrubou a ditadura cubana e combateu em vários continentes e mandou muita gente para el paredón... Lembre-se do político bem sucedido que atacava ideias, teses, propostas, governos, mas jamais atacam pessoas. O parlamento britânico é um bom exemplo, já o nosso... Nem sempre foi assim, o grande orador romano Cícero convenceu o senado a condenar à morte seu adversário com discursos diretos com a célebre frase: *"Quo usque tandem abutere, Catilina, patientia nostra?"*.
- O líder é aquele que com suas atitudes, encontros, palestras, reuniões gerenciais sempre tenta fazer do limão uma limonada. Nem sempre consegue, mas ele tenta sempre. Está constantemente abrindo novos caminhos que serão bons para todos.
- O líder precisa de visão e segundo Jonathan Swift, visão é a arte de ver coisas invisíveis.
- É bom ter sempre em mente a diferença entre visão e alucinação, como diz Kotler. Um bom exemplo é o estereótipo mostrado por Charles Chaplin no Clássico O Grande Ditador.
- O líder deve ser capaz de conquistar respeito para sí próprio como pessoa e para a visão em sí.
- Não tenha apego aos seus papéis velhos, arquivos de computador com anotações de coisas que disse no passado. Lembre-se, como dizia o Buda, tudo é impermanente, por isso faça novas leituras, atualize-se sempre, saiba o que está acontecendo agora e não se Luís XVI foi decapitado pela revolução.

O requisito básico é conhecer o público alvo
Abertura forte
Atenção ao ficar vulnerável
Use comparação ou história
Construa uma ponte a partir do que foi dito antes
Deixe a plateia relaxada
Fique atento aos primeiros 30 segundos
Mostre experiência pessoal
Referência a um fato atual
Levante expectativas sobre o tema
Construa confiança
Cumprimente à plateia
Currículo enxuto
Declaração deo objetivo da palestra
Deixe a plateia saber que está feliz por estar ali
Imponha a sua liderança

Quanto tempo você vai falar?

"O fracasso é uma bela oportunidade para recomeçar de forma mais inteligente."
H. Fort

"Quem exagera o argumento prejudica a causa."
F. Hegel

"Nunca entre em uma batalha antes de ter a certeza de poder vencer a guerra"
P. Kotler

Antes de responder à pergunta aí de cima, responda:

- Para quem vou falar?
- Qual é o assunto a ser desenvolvido?
- Tenho conhecimento para o tempo de exposição exigido?
- Sou capaz de responder às perguntas sobre o tema?
- Onde vou falar?
- Qual o horário do meu discurso?
- Qual a ordem, se houver mais de um orador?
- Que tipos de recursos estão disponíveis para a palestra?
- Quantas pessoas vão estar presentes?
- Estou calmo o suficiente para enfrentar os olhos e a expressão da plateia?

Um líder não pode correr riscos por falta de planejamento ou por preguiça. Hoje as empresas buscam primeiro líderes, depois diretores ou gerentes como disse anteriormente. As reuniões não são gerenciais, mas de liderança. O líder que opta pelo "faça o que eu digo" é do tipo que não aceita sugestões e não tolera críticas. É do estilo do fanfarrão Benito Mussolini, que não cansava de repetir: "Não pense, marche".

O líder visionário é aquele que convence os liderados a seguirem-no. Como Caxias que, quando avançava em uma batalha, gritou: "Sigam-me os que forem brasileiros". Caxias avançou na frente, deu o exemplo para seus liderados e venceu o confronto. O visionário vive um paradoxo nas organizações, é ao mesmo tempo o mais admirado e perseguido pelos medíocres de plantão. Aqueles que sempre dizem não e depois vão estudar a proposta. Este tipo também é o que está preocupado com o próprio cargo, e não com o resultado final. Sua máxima é "melhor não".

Muitas empresas estimulam os líderes que treinam os seus liderados. Pela proximidade com as pessoas, é o que mais ouve, divide opiniões e opta pela liderança democrática. Ao contrário do líder totalitário, aquele que quer tudo para ontem, é mau humorado, grita e bate na mesa. Por nada, demite um colaborador, para dar o "exemplo". Braveja e diz que ninguém é insubstituível. É o personagem da piada, que ao dizer mais uma vez que ninguém é insubstituível, um gaiato lá do fundo da sala de reunião grita:"E o Beethoven?"Apoplético, o líder vocifera:"O que tem o Beethoven a ver com isso?"A voz conquista a plateia quando retruca:"É, o Beethoven, quem vai substituí-lo?".

Não importa que tipo de liderança você pratique no seu dia a dia. Planeje a sua fala com detalhes.

Se houver dificuldades com algum dos itens listados anteriormente é preciso reavaliar e replanejar a apresentação para que ela não se transforme em um fiasco. Nós, jornalistas, gostamos de entrevistados que falem no estilo "curto e grosso". Claro que o tempo de uma palestra ou uma apresentação na reunião semanal de gerentes não precisa ser tão concisa como um depoimento em uma reportagem de vídeo, que muitas vezes não passa de 15 segundos. Mas é preciso sempre considerar o tempo disponível, que depende de oportunidade, conteúdo e evento no qual se está falando. Conta-se que o velho político populista Adhemar de Barros, um homem conhecido pela pouca parcimoniedade com que tratava o dinheiro público, visitava um grupo de cidades do interior de São Paulo em campanha. Ele foi o primeiro político a usar o avião para se deslocar de cidade em cidade e se gabava de passar por quatro ou cinco em um único dia. As visitas incluíam passeios pela cidade, comícios e banquetes, onde ele fingia que comia alguma coisa, bebia muito e se embatucava no bravo DC 3. Para manter a agenda, ele fazia coisas incríveis. Certa vez, já atrasado para o próximo compromisso, participava de um banquete; falou pouquíssimo e passou a palavra ao prefeito, seu cabo eleitoral. O alcaide ficou de pé ao lado de Adhemar e puxou um calhamaço de papel com o discurso. Adhemar não titubeou, tirou o papiro das mãos do cupincha, dizendo bem alto no microfone: "Me dá aqui que eu leio em casa". E lá se foi para o campo de aviação.

- Ninguém espera que você faça uma apresentação de apenas 30 segundos de duração. No entanto, não custa nada saber que a capacidade média de concentração de uma pessoa é de meio minuto. Por que você acha que as publicidades eletrônicas têm 30 segundos de duração? Raramente um publicitário cria um anúncio de um minuto. É arriscado para o cliente e para ele. Podem desperdiçar dinheiro e trabalho. Você tem 30 segundos para dizer alguma coisa que prenda a atenção do auditório. Por isso, selecione uma ideia de impacto, que crie interesse. Sem isso, será difícil manter a atenção da audiência.
- Há sempre uma carga de subjetividade no que se vai dizer, mas nem por isso você pode abusar da paciência do auditório e iniciar um discurso que não tem mais fim. Não corra desnecessariamente o risco de se tornar ridículo ou alvo de chacotas por causa de uma prolixidade incontrolável.
- Quando se é convidado a falar, a audiência dá um créditode confiança inicial que não pode ser desperdiçado nunca. Aproveite-o.
- Alguns líderes gostam de elogiar o auditório antes de iniciar o conteúdo central da apresentação. Dizem que isso dociliza os sentidos e cria um ambiente favorável. Pessoalmente, não gosto desse recurso. Prefiro ir direto ao ponto.
- Antes de mais nada você precisa saber para quem vai falar. Peça um rápido perfil do público-alvo. Se não tomar cuidado, você pode se surpreender falando de literatura grega para engenheiros. Aí você vai mesmo ter que ser de circo. Pode até imitar o Arrelia.

- Durante uma apresentação de vários oradores, é preferível ser o primeiro a falar? Pessoalmente, prefiro não falar primeiro por dois motivos: o auditório não está ainda "aquecido" e é possível um melhor direcionamento da apresentação comparando o discurso dos que nos antecedem e as reações do auditório ao que está sendo apresentado. Dá para fazer uma "sintonia fina" antes de falar. Há quem prefira falar primeiro porque acha que o impacto sobre o público é maior. Sempre me saí melhor falando por último, até que um dia fui a um seminário. O palestrante que me antecedeu deu um show. Quando ele encerrou sua apresentação, fiquei sem palavras. Conclusão: parafraseando aquele filósofo do futebol, "Cada caso é um caso e vice-versa".
- Saber encerrar bem uma palestra é uma atividade que a gente consegue com a prática. Ela "termina quando acaba", como dizia o Velho Guerreiro, Chacrinha. Por mais óbvio que isso possa parecer, tem gente que termina sem concluir o raciocínio ou então vai e volta e não encerra. Chega a ser angustiante para quem está na plateia. Portanto, para terminar a palestra basta fazer uma boa conclusão. É só isso. Se for possível terminar com uma frase de impacto, melhor; você vai sentir isso na sinceridade das palmas.
- Palestra não é como livro, onde a gente não termina de escrever. A gente para, senão o livro não é concluído nunca e a Almedina não publica. Palestra deve ter começo, meio e fim. Na hora de escrever ou preparar o tema, só não se esqueça de que nada está tão bom que não possa ser melhorado, nem tão ruim que não possa ser piorado.
- A avaliação de sua palestra deve responder às mesmas interrogações que um jornalista deve responder em suas reportagens: o quê, quem, por quê, onde, como e quando.
- Pessoalmente, não gosto de apresentações decoradas como um texto teatral. Tira a naturalidade, a plateia geralmente percebe, dá a sensação que o palestrante só sabe o que decorou etc. Prefiro a palestra construída, treinada e treinada.
- Cuidado para não prometer na sua apresentação mais do que vai cumprir. Alguns palestrantes, com a intenção de prender a atenção, usam a técnica de prometer dizer coisas que não interessam a todos. Nada contra, só que é preciso parcimônia.
- Lembre-se: você vai ser sempre avaliado no que diz ou pelo que deixou de dizer na hora certa.

- Tudo tem que ter começo, meio e fim, inclusive sua palestra, como já havia dito. Faça um título criativo; afinal, é a primeira coisa que a plateia vê ou ouve. Já pensou em "Análise do Relatório de Vendas deste Ano"? Que tal: "Sucesso e Resultados deste Ano"? Procure encadear as partes de sua palestra com um enredo e não uma sucessão de afirmações geralmente iguais ao que está projetado no telão.
- É possível fazer uma boa palestra, mesmo que o público saiba qual o desfecho final? É. Veja o filme *Titanic*. Todo mundo sabe que ele afunda no final, mas todo mundo vai lá ver qual foi a versão do diretor do filme para o naufrágio. Além do Leonardo DiCaprio, é claro.
- Edite sua palestra. Desculpe o jargão jornalístico. Lembre-se que as pessoas assimilam três ou quatro pontos principais, o resto, esquecem. Muita coisa faz a plateia dormir. Vá ao essencial.
- Vou repetir: todas as suas histórias, casos, piadas, chistes, citações, analogias e outros recursos devem estar relacionados ao tema. Não fuja dele ou a plateia vai fugir de você. Deixe a piada da(o) loura(o) para o cafezinho.
- Fazer pausa é uma boa técnica para atrair a atenção. Porém, tem que ser no momento certo para criar expectativa No momento errado, dá a impressão de que o palestrante se perdeu no tema. O dom da fala profundo e eficaz aproveita o calar e o ouvir, tanto quanto o falar. Conheci um mestre na pausa: Leonel Brizola. Era um líder extraordinário e fazia paradas no meio do discurso, no ponto exato. Todos nós ficávamos ansiosos para saber como ele concluiria o pensamento. Bem, esse era o Brizola...
- Certa vez, o grande filósofo Sócrates (470-399 a.C.) estava matriculando alunos em um curso informal de oratória que iria ministrar. O preço era 10 centavos. Um jovem veio se inscrever e, na ocasião, explicou longamente por que queria ser um grande orador, qual era o valor da fala e assim por diante. Depois que ele finalmente parou de falar, Sócrates pediu-lhe que pagasse 10 centavos adicionais. Chocado, o aluno perguntou-lhe por que deveria pagar o dobro do exigido aos colegas. Sócrates respondeu: "Os outros alunos estão pagando 10 centavos para aprender a falar em público. Você deve pagar 20, porque, além de lhe ensinar a falar, terei de lhe ensinar como parar de falar".

Apresentação forte, lógica e clara
Sequência lógica de ideias
Exposição fácil da plateia acompanhar
Adapte o discurso à plateia
A sequência dos pontos deve ser coerente
Transições claras, definidas e bem pensadas
Esteja atento a situações especiais
Resumo dos pontos principais
Padrão de organização bem definido

Pelado, nu com a mão no bolso

"O aprendizado é definido como uma mudança no comportamento. Você só não aprende nada enquanto não põe em prática."
Don Shella e K. Blanchard

"A melhor maneira de ter uma boa ideia é ter várias ideias."
Linus Pauling

"Distinga-se ou extinga-se."
T. Peters

Pelado, nu com a mão no bolso. Como esse verso do Ultraje a Rigor – é assim que quero que se sinta ao comparar tudo o que você já sabe sobre o ato de falar em público com o que eu listei neste livro, fruto de minhas experiências pessoais e pesquisas em autores do tema. Todos nós nascemos achando que sabemos falar, andar, correr, respirar, comer etc. E sabemos mesmo, senão, não chegaríamos até aqui. Contudo, ao longo da vida, vamos aprendendo a aperfeiçoar o que a natureza nos deu. Escola de ioga para melhorar a respiração, curso de alimentação, *personal training*, enfim, para aprender é preciso abrir mão do conceito de que as coisas são imutáveis e pronto. Como alguém vai me ensinar a respirar? A falar em público? Bobagem, ninguém vai ensinar o pai-nosso ao vigário ou a torá ao rabino. Sidarta, o Buda, dizia para os seus seguidores que não deveriam acreditar em suas palavras, mas que experiemtassem. Bem, se essa for sua atitude, pode parar, você já se colocou no pódio do "sabe tudo e não precisa de mais nada". Nem de comparar o que aprendeu na sua experiência de vida e leituras com novos conhecimentos. Contudo, se você está aberto a novos desafios, leia esta experiência:

Durante alguns anos, dei aulas no cursinho do Objetivo, que tinha milhares de alunos distribuídos em salas de aulas com duzentos ou mais estudantes. Sobreviver como professor diante de tanta gente, com um microfone na mão, sem nota para dar, sem a disciplina do ensino tradicional, era uma proeza que poucos conseguiam. O salário no final do mês dependia de uma avaliação feita pelos alunos, carinhosamente apelidada de ibope. Ser julgado por jovens adolescentes era considerado uma ofensa por alguns professores, que até já tinham títulos universitários. Todavia, ibope mais alto dava salário mais alto. E um bom salário. Vários mestres se destacaram tanto pelo conhecimento da matéria como pela técnica de liderança, em que a didática era apenas um dos requisitos. Acompanhei muitos desses novos professores que tremiam só de se postar diante de uma massa de pessoas irrequietas e alegres. No final do mês, para angústia de alguns, um placar era afixado na sala dos professores com o resultado do ibope. Lá estavam milhares de folhas brancas, de um lado o nome do professor, um espaço para dar o conceito de ótimo, bom, regular ou péssimo e uma linha para justificar, caso o conceito fosse os dois últimos. Eu admirava os campeões de ibope e me esforçava para me aproximar deles. Havia, obviamente, disputa; mas, para esclarecer qualquer dúvida, os votos estavam ali para quem os quisesse conferir. Eram só alguns milhares. Os campeões tinham 98 ou 99 por cento de ótimo e bom!

Em um sábado, quando tinha uma folga de duas horas entre uma aula e outra, resolvi sentar e separar todos os casos que tinham algum comentário sobre meu trabalho.

Comecei a ler e a ficar furioso com frases como: "Não sabe a matéria. Fala muito rápido. Escreve mal no quadro. É feio". Minha primeira reação foi me juntar ao coro dos que não estavam no topo da lista e depreciar o que haviam me criticado. Imaginem, eu não saber a matéria! Passei a ler mensalmente as críticas, que no fundo eram uma avaliação das minhas apresentações. E em vez de me aborrecer, comecei a entender que o que estava ali escrito podia não ser a verdade, mas era a sensação que a plateia tinha com minha atuação. Era a percepção que tinham do meu trabalho. Cheguei ao dilema de discutir se as minhas apresentações tinham que atender ao interesse público ou ao interesse do público. Ou melhor, agradar a plateia de qualquer jeito para melhorar o ibope e ter salário mais alto. Contar piadas, cantar, adular a plateia, sei lá o quê.

Depois de alguma reflexão, cheguei à conclusão de que deveria tentar o melhor dos mundos: conciliar o interesse público com o interesse do público, isto é, o melhor conteúdo que eu poderia oferecer com a forma mais agradável possível de passar isso para a plateia, mas sem jamais abrir mão de uma conduta ética como professor. Era preciso mudar. Ou perecer como tantos outros.

Aprendi a mudar. Aos poucos ia melhorando, de acordo com as críticas.

Controlei meu tique nervoso de disparar na apresentação, que eu achava que era uma forma de prender a atenção pelo conteúdo. Melhorei a letra. Aprendi a colocar melhor a voz no microfone. O ibope foi melhorando. O salário também, e graças a esse aprendizado contínuo, consegui, durante todo o tempo em que trabalhei lá, ficar na primeira faixa salarial da empresa. Enfim, nós todos precisamos lutar para melhorar sempre.

- Para aprender a falar em público, é necessário entender que um fracasso não é fatal e somos sempre capazes de nos recuperar de uma má apresentação. A próxima sempre será melhor do que a atual, portanto, só pode dar certo.
- As pessoas percebem que você está mudando, que está melhorando, quando incorpora novas técnicas e treinos. A mesma plateia, com algumas semanas, entre uma palestra e outra, vai perceber que sua performance mudou porque você acrescentou novos conhecimentos e sua maneira de falar está cada vez mais descontraída, informal e alegre.
- Um dos passos mais importantes, e isso é mais velho do que a Sé de Braga, é aprender com os próprios erros. É preciso estar aberto e atento para receber serenamente as críticas, analisá-las e mudar no que for preciso. Admitir erros não só aprimora a apresentação como também é uma maneira de merecer respeito da plateia.
- Não fique amuado com as pessoas que o criticaram mais duramente. Lembre-se que elas foram as que sempre mais influenciaram sua vida. Amigos são os que apontam erros porque querem nossa melhoria. Os críticos não devem ser tomados como inimigos. A não ser quando falam mal do Coringão.

- A melhor hora para fazer uma palestra é quando se está superpreparado. Isso quer dizer que você vai estar tão bem que terá habilidade e confiança para fazer uma boa apresentação. Por isso é preciso planejar o tempo de preparação para que o auge dela coincida com o dia da palestra. Esta não pode acontecer antes do auge do preparo.
- O desempenho final é diretamente proporcional ao seu desempenho na preparação e treino da palestra. Mesmo para os mais experientes, é preciso treinar para se ter uma boa performance. Eu costumo treinar mentalmente o que vou dizer, ou seja, dou uma palestra para mim mesmo várias vezes.
- Ninguém pode operar no piloto automático quando faz uma apresentação porque o equilíbrio entre o êxito da apresentação e a atenção do público é instável. É preciso ficar atento para as reações da plateia e ir corrigindo o rumo; ora é preciso falar mais devagar, ora mudar o material visual mais rápido, ora atenuar o volume da voz no microfone, ora usar mais gestos etc. Contudo, é preciso estar familiarizado com suas atribuições para usá-las como se fossem prolongamentos de nossa mente e corpo.
- Toda a energia deve estar concentrada no que se fala e na reação da plateia. Nada pode desviá-la. Todas as preocupações com coisas insignificantes devem ser deixadas de lado para não atrapalhar o foco do tema e da apresentação.
- Nenhuma apresentação será ruim se você fizer apenas o que preparou e sentiu durante a preparação. Mesmo seu corpo se moverá espontaneamente e sua mente estará sempre alguns instantes à frente dos seus gestos e fala, antecipando a continuidade da apresentação e amarrando um pensamento ao outro.
- A melhor oportunidade para colorir a apresentação com casos, improvisos, piadas ocorre quando você não precisa se preocupar com a estrutura de sua apresentação. Ela já está de tal forma montada na sua mente, que sai espontaneamente pela sua boca. Sobra tempo para a mente criar todos os atrativos saborosos para a plateia.
- Lembre-se mais uma vez de que uma palestra não acaba quando termina. Só termina quando você faz, com ou sem a ajuda de outras pessoas, uma avaliação de seu desempenho. Um dos maiores

críticos que tenho é a minha família, principalmente minha esposa Walkiria. Eles sempre me apoiam fazendo duras e amorosas críticas.

- Sem preparação, sem treino e com muito improviso, somos sérios candidatos a derrotas nas apresentações. Vai ser uma goleada dos erros com um resultado clamoroso. Vale a pena se arriscar e sair falando por aí? Lembre-se que não há erros pequenos ou falhas que devam ser ignoradas.
- Quando cometemos um erro, tentamos olhar em outra direção em vez de corrigi-lo. Isso nos impede de melhorar a apresentação. Portanto, é preciso determinar os pontos que fazem a palestra não ser tão boa quanto se desejava e mudar o que está ruim. Assim, só se dá por encerrada uma avaliação depois que todas as "mancadas" foram objeto de novos aprendizados. Não se apresse em deixar de lado a avaliação da última apresentação. Ninguém gosta de comemorar os erros, nem é preciso. Mas é necessário assimilá-los.
- É preciso estar preparado para o que der e vier durante uma exposição. A execução do plano da palestra deve ser firme, direta, entusiasmada e bem-humorada. Contudo, apesar dos seus esforços, o público pode não estar reagindo como o esperado. É preciso treinar um plano B, ou uma virada nos argumentos para se atingir o objetivo da palestra. Nada de improviso ou de inspiração divina. Apenas uma outra forma de exposição do mesmo tema ou correlato, devidamente ensaiada e que possa ser tentada com segurança. É preciso ter coragem de mudar se as circunstâncias exigirem. Adaptações não são rumos que o palestrante acabou de inventar no último instante. São estratégias que ele conhece e treinou antes.
- Adaptações no curso da palestra não são nenhuma surpresa, apenas novas formas de fazer o que já se sabe como fazer. Sair falando o que vier na cabeça, sem objetivo determinado, vai levá-lo à verborragia ou ao fracasso. Você vai notar pela expressão no rosto das pessoas sentadas nas primeiras filas.
- Não faz diferença se você está cansado de ler, repetir, ensaiar sua palestra várias vezes. Só se deve dar a apresentação como fechada quando ela estiver perfeita. Não deixe por menos, você não vai se arrepender do esforço realizado.

- Receber as críticas de forma bem-humorada estimula as pessoas a apontar nossos erros. Agora muito mais ativas e intensas com as redes sociais. Elas se sentem contribuindo para nossa melhoria. Receber crítica com mau humor, obviamente, tem o sentido inverso. Se você responder de maneira rude, pode saber, é a última vez que aquela pessoa aponta um erro. Ela não pode ser punida porque está ajudando. Por isso, não justifique nunca seus erros. Ouça e ouça. Fique, agora, com a boca fechada. Deixe os outros falarem. Escute. O senso de humor permite que você aceite as críticas sem se deixar consumir por elas. O consultor Don Shula diz que a ideia é não supervalorizar a crítica, nem fazer com que ela pareça um caso de vida ou morte.
- A técnica de aperfeiçoar palestras exige que a avaliação seja feita o mais próximo possível da sua realização. Não entendo por que os técnicos de futebol dão folga para o time na segunda-feira. A folga deveria ser na terça. A segunda deveria ser reservada para uma avaliação do jogo de domingo, quando tudo o que ocorreu está no coração e na mente dos jogadores e não no vídeo frio que vai ser apresentado durante a semana.
- É preciso selecionar uma a uma as áreas que precisam ser melhoradas. Uma por vez: dicção, postura, entonação, uso do material de apoio etc. Depois do treino é preciso uma avaliação: o resultado é melhor.
- Só para você refletir um pouco: como uma plateia o julgaria melhor, pelo seu talento como palestrante ou pelo que conhece do seu caráter? Não é para fundir a cuca, é só para pensar. Outro exercício: será que os que o ouvem acham que você é capaz de tudo para vencer, até trapacear? Não se ofenda, é só um exercício.
- Aprenda a ser capaz de rir de si mesmo, dos próprios erros.
- A fala do líder contém sempre as forças políticas, as redes de relacionamentos e as regras da organização. O conteúdo deve conter as necessidades dos liderados e clientes.
- O líder deve ter um repertório para resolver conflitos, pôr em prática novas ideias e liderar pessoas para uma nova posição. Deve também desenvolver a habilidade de divulgar mensagens convincentes, inspiradoras e de trabalho em equipe.

- Pelo exemplo dado neste capítulo você viu que é preciso desenvolver a habilidade de manter as emoções perturbadoras sob controle. Adaptabilidade e flexibilidade para se adequar às mudanças e superar obstáculos.
- É um esforço considerável, mas de resultados importantes – melhorar o próprio desempenho e procurar um padrão interno de excelência.
- O líder deve estar tão atento quanto um monge budista com a sua mente, ou seja, sempre disposto a mudar, agir e aproveitar as oportunidades. Anote aí mindfulness.
- O líder deve desenvolver a habilidade de interpretar as emoções de outras pessoas, suas perspectivas e preocupações.
- É preciso treinar para manter as emoções pessoais sob controle e ser honesto consigo mesmo na autoavaliação dos limites pessoais e de sua capacidade de reação.
- Liderar é preciso. Liderar a apresentação gerencial, o vídeo no youtube, a fala no instagram, o recado no facebook, a entrevista com o jornalista, a aula, a palestra, a conferência, qualquer comunicação pessoal ou pública. Liderar, aqui, quer dizer ter o domínio e o controle do processo em curso. Se o líder não dominar a plateia, é sinal de que é dominado por ela. Sem domínio intelectual não há sucesso, não há liderança.

CONSTRUA ALGUMA COISA INÉDITA
Leve apenas o material necessário
CORRA EM PISTA DIFERENTE NO MUNDO DAS PALESTRAS
Explicação
Use apoio suficiente para os pontos principais
Aborde um ponto importante a cada cinco minutos
Analogia
Estatística
Citações
Ilustração
Testemunhas
Reafirmações
Histórias pessoais
Use a fórmula Tema, Exemplo, Tema

Primeiro passo: ouvir

"Deus deu ao homem dois ouvidos e uma boca,
para ouvir o dobro e falar a metade."
Ditado árabe

"O problema nunca consiste em como desenvolver novas ideias,
Mas e como se desvencilhar dos velhos conceitos"
D. Hock

"Penso, logo existo."
René Descartes

Antes de aprender a falar é preciso aprender a ouvir. É mais ou menos a mesma relação entre ler e escrever. Quantas vezes você ouviu a tia Marta dizer que só consegue escrever bem quem lê? Se você não levou muito a sério achando que era uma babaquice, é melhor ir mudando de opinião. Para aprender a escrever tem que ler. Para aprender a falar tem que escutar. O velho raposão da política Tancredo Neves não sabia uma única palavra de árabe, mas não só praticava o ditado aí de cima, como brincava que nas reuniões que participava "ficava rouco de tanto ouvir". Não vou receitar para você um estágio em um templo zen-budista para retiros de silêncio. É suficiente praticar a arte da paciência. O velho político Ulysses Guimarães dizia que a impaciência é uma das faces da estupidez e que ela não acaba só com carreiras jornalísticas, acaba também com executivos que não cultivam a arte de ouvir e depois falar. Segundo Ulysses, é preciso escutar a todos, até aqueles que se julgam reinventores da roda, da quadratura do círculo, da descoberta que a Terra é plana e outros avanços essenciais. Mesmo que isso dê úlcera ou enfarte. Outro que aconselhou sobre isso foi Sarmiento, um argentino que viveu muito antes da rivalidade futebolísticaentre Brasil e Argentina, e disse em alto e bom espanhol: *"Cómase la lengua"*. É verdade que nem mesmo os argentinos têm seguido o conselho de Sarmiento, principalmente Maradona e os técnicos da seleção do país irmão. Ou será hermano?

- O primeiro passo é saber se você é ou não afoito. Se você é daqueles que interrompe a frase de um interlocutor dizendo "já sei o que você vai dizer...", você é um afoito. E um mal-educado. Esse comportamento tira toda a possibilidade de alguém expor um assunto que considera importante, mata no nascedouro uma ideia que pode ser útil ao grupo ou à empresa.
- Não exija dos outros o que você exige de si mesmo. Com os outros seja benevolente, mesmo que possa, aparentemente, ser perda de tempo, ou quando você já souber o que ele vai dizer.
- Não faça gestos de impaciência. Não é a melhor forma de avisar alguém que está se excedendo no tempo. Se for uma apresentação pública, passe-lhe um bilhete dizendo que tem mais dois ou três minutos para concluir sua fala. Se for uma reunião, espere que ele conclua um raciocínio e delicadamente diga que o tempo dele acabou e mude de assunto.
- Em apresentações públicas, seguidas de debate, principalmente para grandes auditórios, é mais conveniente que as perguntas sobre o tema da palestra sejam por escrito. Dessa forma, elas tornam-se mais proveitosas, podem ser editadas e agrupadas por tema, e você pode responder a mais temas em menos tempo. Tem gente que manda pergunta só para ter o nome lido pelo apresentador.
- Combine antes do evento, com os organizadores, o tempo dedicado à sua apresentação ou palestra e o tempo destinado ao debate. Avise o público desse acordo e não deixe que uma porção de perguntas se arraste no final. Muita gente começa a se levantar e ir embora. Há um desgaste tanto do palestrante quanto do auditório.

- Os melhores comunicadores são os que melhor sabem ouvir. Você já ouviu dizer que os bons cantores têm um ouvido privilegiado? Portanto, ouça sempre, não permita que sua mente se disperse e faça você perder tempo. Se não conseguir, preste atenção no que está sendo dito, pegue um pequeno caderno e anote. Escreva as ideias principais do expositor. A memória visual ajuda a manter a mente disciplinada, e para isso você nem precisa ficar isolado em um templo zen-budista por uma década. Pratique sempre anotar. Vai ajudá-lo. Eu anoto conteúdo e a impressão que tenho dos participantes do evento.
- Antes que você pense que é um Cícero, Demóstenes ou Silvio Santos, vou pedir a Goleman que resuma os primeiros passos para aprimorar a habilidade de falar em público.

  Competência pessoal: capacidades que determinam como lidamos conosco mesmos.

  Autoconsciência

  - Autoconsciência emocional: identificar nossas próprias emoções e reconhecer seu impacto; usar a 'intuição' para guiar as decisões.
  - Autoavaliação precisa: conhecer nossos próprios limites e possibilidades.
  - Autoconfiança: um sólido senso de nosso próprio valor e capacidade.

  Autogestão

  - Autocontrole emocional: manter emoções e impulsos destrutivos sob controle.
  - Transparência: ser honesto e íntegro; digno de confiança.
  - Adaptabilidade: flexibilidade na adaptação a situações voláteis ou na superação de obstáculos.
  - Superação: ímpeto para melhorar o desempenho a fim de satisfazer padrões interiores de excelência.
  - Iniciativa: prontidão para agir e aproveitar oportunidades.
  - Otimismo: ver o lado bom dos acontecimentos.

  Competência social: capacidades que determinam como gerenciamos nossos relacionamentos.

Consciência social

- Empatia: perceber as emoções alheias, compreender seu ponto de vista e interessar-se ativamente por suas preocupações.
- Consciência organizacional: identificar as tendências, as redes de decisão e a política em nível organizacional.
- Serviço: reconhecer e satisfazer às necessidades dos subordinados a clientes.

Administração de relacionamentos

- Liderança inspiradora: orientar e motivar com uma visão instigante.
- Influência: dispor de uma variedade de táticas de persuasão.
- Desenvolvimento dos demais: cultivar as capacidades alheias por meio do feedback e da orientação.
- Catalisação de mudanças: iniciar, gerenciar e liderar em uma nova direção.
- Gerenciamento de conflitos: solucionar divergências.
- Trabalho em equipe e colaboração: cooperação e criação em grupo.

- Se você vai falar de improviso não deixe nunca de levar anotadas pelo menos as mensagens principais que precisa comunicar. Alguns falam além do necessário e esquecem as coisas mais importantes. Leve um lembrete escrito, pode ser no smart phone, ou no lap top, isso não vai diminuir seu brilho.
- Quem foi que disse mesmo que talento é 90% transpiração e 10% inspiração? Ajuda se eu disser que foi um homem de sucesso chamado Thomas Edison?
- Para cada apresentação ou palestra ter sucesso é necessário se lançar de corpo e alma em sua preparação. Se possível, passar um tempo que só você pode definir, vinte minutos ou duas horas, isolado, concentrado, e anotando as ideias, raciocínios e informações que pretende passar. Não dispense esse período de isolamento, as ideias fluem com mais facilidade na mente. Como já disse antes, não é preciso se enclausurar em um mosteiro zen-budista nem fazer votos de silêncio. Dê um breque na agitação diária por algum tempo. Desligue-se do mundo e dos problemas cotidianos. Ah, não se esqueça de desligar também o celular.

- Estabeleça um planejamento cuja meta principal é fazer uma boa palestra. Identifique os obstáculos que vão surgindo e procure superá-los um a um. Não pule etapas, isso compromete a meta final.
- Momentos de reflexão são ótimos para quebrar paradigmas da apresentação. Você passa a ser mais criativo e a chance de sucesso é maior. Ouse!
- Lembre-se de que o único lugar do mundo em que o sucesso vem antes do trabalho é no dicionário.
- Há estilos que mostram que 38% da comunicação se deve ao volume, timbre e velocidade do palestrante. À linguagem corporal, 55%. E à palavra, 7%. Não se impressione com os percentuais. Todos são imprescindíveis. Algumas pessoas são mais visuais, outras, auditivas e outras ainda, mais sinestésicas. Por isso é preciso usar tudo para ter a atenção da plateia.
- O professor Jayr Figueiredo de Oliveira ressalta os principais mecanismos de defesa ao receber um feedback:
- "Isolamento: a pessoa 'para de ouvir' e isola-se em seu mundo interior. A conversa encerra-se com expressões conhecidas ('pensarei a respeito', 'vou fazer o possível', 'neste caso' etc.).
- Negação da realidade: em vez de concentrar-se nas percepções apresentadas a pessoa passa a procurar as falhas de interpretação do interlocutor.
- Deslocamento: gera frases de defesa como 'está ruim assim', 'seria muito pior se...'.
- Distinção: de repente a pessoa surpreende-se folheando uma agenda..."

Como se vê, atenção é necessária sempre, ou vai ocorrer perda de tempo tanto do líder que preparou o seu discurso como dos liderados. É preferível esperar outro momento ou haver um entendimento para que todos se envolvam no processo de comunicação. Em último caso, é preferível combinar outro encontro.

Calor, voz ressonante
Não esqueça das anotações
Cuidado para não alimentar os problemas e matar de fome as oportunidades. P. Drucker
Avaliar as emoções da plateia
Aspecto otimista do tema
Junte perguntas em temas
Peça feed back da apresentação
Calibre volume, timbre e velociadade da fala
Perguntas só final da apresentação
Aprenda com os erros apontados
Variedade das táticas de persuasão

No meio das feras

"Os medos nada mais são do que estados mentais.
E o nosso estado mental está sujeito a controle e direção."
Napoleon Hill

"Depois de proferida, a palavra não volta mais."
Horácio

"Não se pode ter um amanhã melhor
Quando se continua pensando em ontem o tempo todo."
C. F. Kettering

O mundo digital tornou Horácio muito atual. Dificilmente se escapa de uma imagem ou gravação emlocal público. Pergunte ao seu Jair. Sua missão é prender a atenção do auditório para a mensagem que você vai dizer. Não é fácil. Mas é possível aprender algumas técnicas. O comandante Rolim, fundador da Latam, dizia que é preciso ter coragem para copiar quando não se consegue criar. Não há nada demais em imitar os oradores que consideramos os melhores. Aos poucos se vai desenvolvendo o estilo próprio. Há tempo. Eu me inspirei em várias pessoas, entre elas professores, palestrantes, artistas, jornalistas, como Joelmir Beting, Ney Gonçalves Dias, Paulo Henrique Amorim, Chico Pinheiro, Paulo Autran, Maílson da Nóbrega, José Paulo de Andrade, Mário Sérgio Cortela, Clóvis de Barros Filho, Max Geringer; enfim, um mix de pessoas talentosas que sempre me fascinaram pela facilidade e originalidade com que transmitem suas mensagens.

- Acostume-se a anotar as técnicas de todos os palestrantes que tiver oportunidade de assistir. Além de prestar atenção no conteúdo, faça uma lista do que mais chama sua atenção na apresentação. Nos seus treinos ou apresentações, procure repetir o que mais lhe despertou interesse. Aos poucos isso vai se internalizando e, naturalmente, fazendo parte de sua própria maneira de se apresentar.
- Deixe a carranca em casa, ou melhor, no Rio São Francisco, onde ela faz parte da cultura local. Deixe que o bom humor se expresse em sorrisos. Se houver alguma coisa engraçada, não reprima uma boa risada, é uma mensagem ao auditório que todos estão na mesma sintonia. O riso indica que tudo está bem e que a apresentação vai ser produtiva para todos.
- Cara feia é fome, dizia meu pai. Em outras palavras, não adianta fazer cara feia, franzir a testa, resmungar, pois isso só vai piorar a situação e afastar os espectadores. Ninguém presta atenção voluntariamente em oradores irritados, frios. Fique descontraído, mas não faça cara de bobo.
- É preciso cultivar a fé cênica, ou seja, mostrar sempre em suas aparições – quer em palestras em auditórios, quer em reuniões gerenciais, quer e postagens na mídia social – que você acredita firme e sinceramente no que está dizendo ou defendendo. Se você tiver dúvida sobre o que está dizendo, é melhor parar, reconsiderar, reconstruir sua posição, pois ninguém acredita em quem não acredita em si mesmo.
- A arrogância é um dos maiores obstáculos para a comunicação. Nariz empinado, nem pensar. É preciso humildade, o que não quer dizer se manter abaixo do nível do auditório. O ideal é manter-se no mesmo nível, nunca acima dos ouvintes.
- Você já notou como algumas pessoas mudam o tom de voz quando vão falar em público? Na mesa, ou um pouco antes, fala normalmente, mas, quando fica na frente da plateia, muda totalmente. Sai o Doctor Jekyl e entra Mr. Hyde, a fera. Use uma cadência diferenciada, ora falando um pouco mais devagar, ora um pouco mais rápido, mais alto ou grave, de acordo com o conteúdo de sua apresentação. Isso ajuda muito a prender a atenção.

- Sorrir e conquistar as pessoas por simpatia não deve se confundido com excesso de confiança, ou você irá parecer um bobo alegre. Seja moderado se o tema a ser abordado é grave, senão vão perguntar do que você está rindo.
- Há quem opte por iniciar a apresentação com fatos fortes, contundentes, o que pode despertar maior atenção da plateia. O perigo dessa estratégia é que novos fatos podem não ser tão fortes e a apresentação cair de rendimento e de nível de atenção. Faça um planejamento do começo, meio e fim de sua apresentação.
- Cuidado com a formulação de uma pergunta do auditório no início de sua exposição. Você pode respondê-la imediatamente e perder o gancho da apresentação ou então esticar muito as explicações até chegar na resposta, o que provoca perda de atenção.
- Procure nunca se afastar do tema. É o caminho mais curto para prender a atenção de todos. Certa vez, fui a um debate sobre jornalismo e educação e perguntei a um colega o que ele iria falar. Ele me disse que tinha uma apresentação só, e que a adaptava para qualquer tema. De fato, nunca vi uma viagem tão grande. Até frase em francês ele usou. Usou e abusou de aforismos jurídicos. Meia hora depois, várias pessoas dormiam. Eu só não dormi, porque estava ao lado dele na mesa.
- Você sabe contar uma piada? Sabe mesmo? Em dúvida, não pare a sequência de sua apresentação para contar uma piada. Eu não uso esse recurso. Prefiro encontrar coisas engraçadas no conteúdo do tema desenvolvido. Há quem possua graça e facilidade para contar "causos" e piadas sem permitir que o auditório se perca no tema. É fruto de muita prática, janela e talento como o mestre Rolando Boldrin.
- Seja bem-humorado. Não é preciso ser artista. Basta usar o lado descontraído do que vai dizer. Na Suprema Corte Americana, transcorria um julgamento sisudo e duro sobre liberdade de expressão. Um dos ministros disse aos gritos: "Há duzentos anos não ouço uma afirmação como esta!" O presidente da Corte aduziu: "Não sabia que o senhor era tão velho!" Todos riram, e o julgamento continuou de forma descontraída até a decisão final.
- Goleman chama de competência pessoal as capacidades que determinam como lidamos conosco mesmos.

- No passado, acreditava-se que orador nascia feito. E ponto final. Ora, você está percebendo que qualquer pessoa pode aprender a falar em público, desde que se esforce um pouco e se disponha a praticar sozinho ou fazendo palestras sempre que for possível. Que tal aceitar aquele convite da escola do seu filho para falar de sua profissão, ou da associação comunitária local para explicar como funciona seu ramo de negócios? Se você não participa de nenhuma, eu marco na Sociedade Ambiental de Taiaçupeba.
- Quando você estiver no meio das feras de sua empresa, em uma reunião gerencial, não interfira sistematicamente nas discussões truncando o assunto. Certamente, vão chamá-lo de pentelho. Espere sua vez ou uma boa oportunidade para contribuir com uma ideia.
- Técnicas de comportamento religioso ajudam a dominar impulsos agressivos? Ajudam. Notadamente, as que cultivam a autorreflexão espiritual.
- Cuidado com o efeito refletor, aquele que nos torna falastrões. Abre a porta da geladeira à noite e pensa que é o início de uma entrevista. Auditório, pompa, homenagens, aplausos e... o ego prevalece sobre a razão e deitamos falação. É preciso comedimento, mesmo que seja um discurso em uma pracinha de uma cidadezinha do interior. Devagar com o andor.
- O público não está lá para derrubá-lo. Fique calmo; afinal, o especialista no assunto é você.
- Não se esqueça de que, ao objetivar liderar o grupo, você irá lidar com uma subordinação de via dupla. Assume-se compromisso com o que se fala, e especialmente com as pessoas que acreditam no que você falou.
- Bajulação é um péssimo parâmetro para se balizar a liderança ou como os liderados reagem às propostas apresentadas. Livre-se do bajulador.
- Lembre-se que os subordinados não podem decidir quem vai ser o chefe, mas decidir quem vai ser o líder.
- Em última análise, a comunicação não é tudo no processo de liderar, uma vez que a liderança não é julgada por sua popularidade e sim por sua eficácia. Políticos e CEOs sabem bem disso.
- A liderança não é um fim em si mesma, é a busca de um objetivo claro, capaz de mobilizar pessoas.

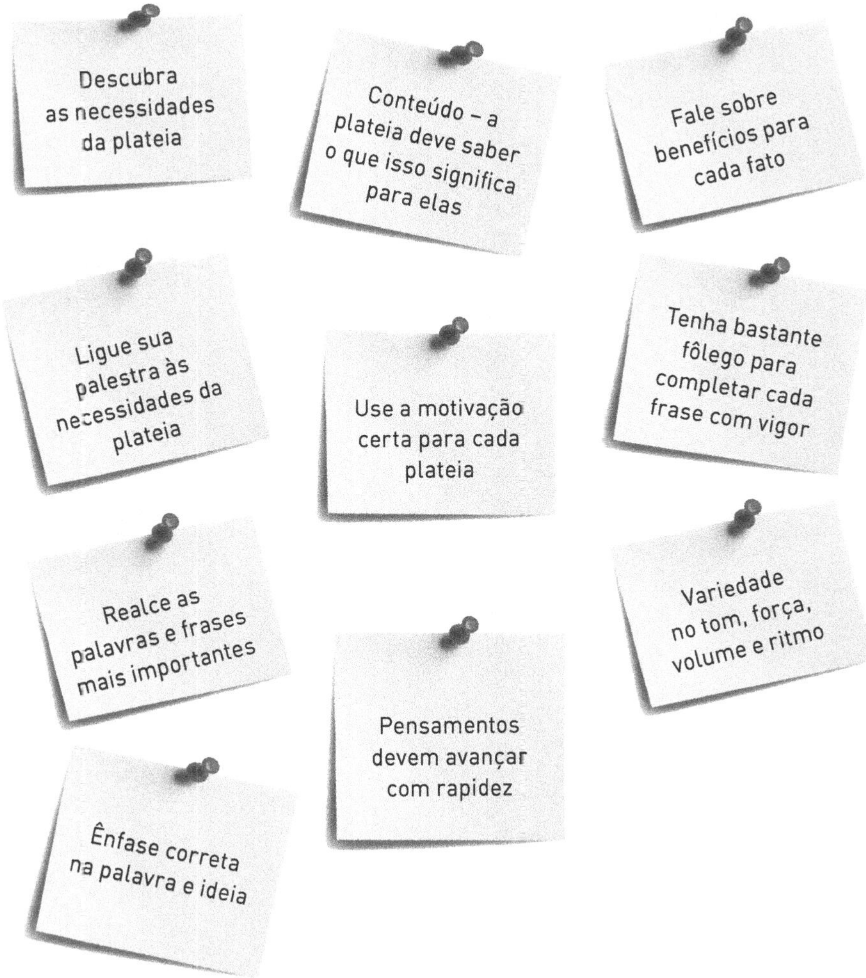
Descubra as necessidades da plateia
Conteúdo – a plateia deve saber o que isso significa para elas
Fale sobre benefícios para cada fato
Ligue sua palestra às necessidades da plateia
Use a motivação certa para cada plateia
Tenha bastante fôlego para completar cada frase com vigor
Realce as palavras e frases mais importantes
Pensamentos devem avançar com rapidez
Variedade no tom, força, volume e ritmo
Ênfase correta na palavra e ideia

E se o auditório for hostil?

"Os grandes líderes nos mobilizam, inflamam nossa paixão e inspiram o melhor dentro de nós."
D. Goleman

"A palavra, como se sabe, é um ser vivo."
Victor Hugo

"C líder é melhor quando as pessoas Mal sabem de suas existências."
Lao-tsu

A liderança é circunstancial, e isso exige do líder grande atenção para as mudanças que ocorrem a sua volta. Eficácia, nesse caso, é captar os sinais das circunstâncias que mudam constantemente. Nc desenho de Walt Disney, *Aristogatas*, há dois cachorros que vigiam a porta de um sítio para perseguir os carros que passam na estrada. São Napoleão e Lafayette. Um lidera o ataque ao pneu do carro, o outro acompanha. Em resumo, não se pode ser um líder sem seguidores. A liderança é um relacionamento construído ativamente por ambas as partes; sem isso não há liderança.

Os seguidores querem ser liderados por uma pessoa, não apenas por alguém que representa um papel, que apenas ocupa um cargo burocrático ou faz parte da hierarquia da organização.

O seminário custou caro e foi pago por muitos diretores e executivos de empresas nacionais e estrangeiras. Uma das atrações era uma palestra durante o almoço no hotel cinco estrelas de um dos maiores conhecedores de internet no Brasil.Além de sabidão, falava bem, era culto e bem-humorado. Tinha tudo para ser uma brilhante palestra. Ao meu lado, havia um grupo de pessoas que almoçava e falava. Falaram a palestra toda, atrapalharam quem queria ouvir e o próprio expositor. Fiquei com vontade de fazer um "psiu", mas me contive, achando que poderia prejudicar ainda mais o palestrante. Não consegui entender como aqueles pentelhos, além de perderem o dinheiro que investiram, ainda atrapalhavam os que queriam ouvir. Trapalhão tem em todo lugar. Certa vez, o maestro Karabtchevsky contou-me que estava regendo a orquestra de Viena e na hora H, quando ia iniciar uma peça... tocou um celular. Contaram-me que, certa vez, um grande ator interpretava Ricardo III de Shakespeare, e quando o rei disse "meu reino por um cavalo!", um engraçadinho na plateia gritou: "Serve um burro?". O ator esperou que a gargalhada da plateia acabasse e respondeu: "Serve sim, pode subir no palco!". Nova gargalhada. O espetáculo foi para o brejo, fecharam-se as cortinas e todos foram convidados a voltar no dia seguinte.

Há casos de oradores que conseguem reverter a plateia hostil. Eu cursava a faculdade de jornalismo Cásper Líbero, a qual promoveu um ciclo de palestras com candidatos à Prefeitura de São Paulo. Um por semana, em um grande auditório, onde funcionava um cinema. Fui assistir à palestra do então candidato Jânio Quadros. Sentei-me no fundo, o auditório estava superlotado, e quando Jânio entrou foi uma vaia monumental. Impassível, ele sentou-se ao lado do diretor da faculdade e com as mãos trêmulas começou a falar baixinho. O fundão trocou as vaias por agressões verbais, como traidor, bebum, fujão, covarde, entre outras ofensas. Ele continuou no mesmo diapasão por uns dez minutos. Aos poucos, os apupos foram rareando e sua voz começou a crescer. Em pouco tempo, o silêncio tomava conta do auditório e ele passou a usar o recurso de longas pausas entre um pensamento e outro. Ouvia-se o silêncio. Nenhuma vaia. Depois de uma hora e meia de palestra, ele foi delirantemente aplaudido. Se tivessem me contado, não acreditaria, como foi possível um velho político, de mãos trêmulas, voz embargada, usando palavras gongóricas, sentado diante de uma plateia de jovens, que se identificavam com o candidato Fernando Henrique Cardoso, conseguir que esses jovens mudassem de comportamento em tão pouco tempo. Só para concluir, Jânio foi eleito prefeito de

São Paulo. Não é fácil encarar uma plateia hostil. Desmonta qualquer um, dá branco. Ninguém presta atenção no que você vai dizer. O que fazer? Você tem o talento da velha raposa política? Se não tiver, sugiro que não faça sua palestra ou discurso. Evite o vexame. Deixe para discutir a causa depois, em casa ou com seus assessores; pode ser que o motivo da rejeição nem seja você. Insistir é caminhar em direção à decepção e ao fracasso da comunicação. Quando eu dava aula em cursinho, em classes que tinham até 300 alunos, usava uma técnica aprendida em anos e anos de tablado. Quando eu percebia que os alunos estavam muito agitados, apagava a lousa lentamente, ligava o microfone, olhava fixamente para a plateia e avaliava o grau de exaltação da moçada. Depois de um tempo, dizia a eles: "Vou começar a aula, quem quiser gritar, pular, bater o pé no chão, uivar, zurrar, que o faça agora". Imagine o que acontecia. O prédio quase vinha abaixo. Durante três ou quatro minutos a moçada gritava a plenos pulmões, jogava caderno para cima, batia o pé no chão. Meus colegas que davam aulas no mesmo andar e nos andares de baixo e de cima queriam me matar. Quando amainava, eu dizia: "Bom, agora todos quietos e vamos à aula de hoje". Todo mundo ficava em silêncio e a aula transcorria em calma. Não sei se seria possível uma experiência dessa em uma plateia de gerentes e diretores. No cursinho, funcionava.

- Você prepara uma palestra com o tempo determinado e está disposto a cumpri-lo. No entanto, diante de uma plateia altamente hostil ou desinteressada, nada impede que você encurte seu discurso. É uma decisão que se toma na hora, mas, nesses casos, encurtar é o melhor caminho.
- Levar uma vaia não é fácil. Principalmente em um grande auditório e ainda por cima antes de você abrir a boca. Muitas pessoas ficam completamente descontroladas, tremem, insistem em prosseguir mesmo com as vaias e sofrem um vexame. O orador deve avaliar se vai ou não conseguir controlar a vaia antes de prosseguir. Não há discurso que resista a uma vaia contínua. É melhor encerrar.
- Se por qualquer motivo você não conseguir falar ou concluir seu discurso, jamais chame a atenção do auditório. Xingar, nem pensar. Passar pito como um mestre escolar é a pior viagem. Por mais revolta que sinta em seu âmago, agradeça e desça.

- Jamais bata boca com os espectadores. Você é um contra muitos. A emoção toma conta do ambiente e a razão desaparece. Certa vez, fui apresentar uma festa no Palmeiras e a atração da noite era o Juca Chaves. Ele tentou várias vezes cantar para um público jovem que não o entendia. Era vaiado. Depois da quarta tentativa, começou a discutir com o público. Jogaram moedas. O Juca ficou bravo. Jogaram copos. O Juca mandou todo mundo para a "p.q.p.". Jogaram garrafas. Ele, a orquestra do Zaccaro e eu corremos para os bastidores.
- Imaginem o Caetano Veloso. Lembro-me de uma apresentação dele, creio que foi no Tuca, em São Paulo, onde alguns o vaiaram. Ele reagiu criticando a burguesia paulista. As vaias aumentaram, ele insistiu em cantar, e o show terminou de uma forma lamentável. Ninguém recebeu o dinheiro de volta.
- O caso mais conhecido é o do Festival da Música Popular Brasileira no auge da TV Record. O cantor e compositor Sérgio Ricardo concorria com uma belíssima canção e foi vaiado, como muitos outros. No meio da música, parou, quebrou o violão no chão do palco e atirou em cima da torcida. O jornal sensacionalista de São Paulo, Notícias Populares, publicou a seguinte manchete: "VIOLADA EM PLENA PLATEIA!!!".
- A hostilidade com o orador pode se manifestar de várias formas, por exemplo, pela expressão de enfado com o que está sendo falado, soneca durante a exposição de um plano de lançamento de um novo produto, bocejo na hora que você descreve o estouro das despesas do mês no encontro de afiliadas, e muitas outras formas. Em reuniões gerenciais longas, sempre se manifesta de uma ou outra forma. É quase inevitável, por isso quem pretende dar seu recado deve ficar atento para reverter o quadro e concluir sua comunicação com sucesso. Olho na plateia.
- Fui gerente de Jornalismo do Sistema Globo de Rádio, em São Paulo. O diretor marcava as reuniões gerencias para às 14hs. Eu tinha chegado as 5e30 para apresentar o Jornal. As 5 da tarde começava a trabalhar na Tv Cultura. Um dos gerentes achava que entendia de audiência e fazia longos e ineptos comentários sobre o que ia bem e o que ia mal na programação. Dava sono. Certa vez o chefe desconfiou que eu cochilava, fez um gesto sorrateiro para os

demais me apontando e lacou uma pergunta sobre o que expunha. Respondi na hora. Eu conchilava com um olho e mantinha o outro aberto na reunião.

- Não vá confundir uma pergunta às vezes um pouco mais dura com agressão. Todo mundo tem o direito de perguntar. Não permita que uma série de perguntas se transforme em um debate, se esse não for seu desejo. Para isso, responda a uma ou duas perguntas de uma mesma pessoa, depois passe a responder perguntas de outros espectadores.
- Uma pessoa emocionalmente instável pode perturbar sua palestra a qualquer hora. Esteja pronto para isso. Faz parte do risco de falar em público. Se você está preparado, nada pode perturbá-lo. Deixe que a pessoa fale, diga o que quiser, e aí você pede licença e continua sua exposição.
- Há casos extremos em que a agressão se fixa no palestrante. É bom avaliar corretamente se vale a pena ou não continuar falando. Se alguém agredi-lo, por qualquer motivo, abrevie sua apresentação. Em casos como esse, não há como negociar. Ou fica você ou ele. Não deixe a escolha por conta do auditório. Na dúvida, agradeça a atenção de todos e saia.
- Lembre-se de que se você tiver que interromper sua apresentação, quem perde é a plateia. Não se sinta magoado com isso, uma vez que enfrentar ouvintes difíceis, resistentes e hostis faz parte do dia a dia de quem se propõe a falar em público. Cabeça fria. Jamais responda a uma agressão com outra. Um erro não justifica o outro. Lembre-se de que o agressor termina sua atuação aí. Você não, vai ter que fazer novas exposições, às vezes para o mesmo público.
- Mediei várias vezes o programa RodaViva da TV Cultura, um dos mais difíceis do gênero. Ele consiste em uma entrevista que pode virar um debate. Os perguntadores se excedem e querem apresentar suas teses para contrapor às do entrevistado. Isso tornava as perguntas muito longas. Lembro-me de uma vez que, no intervalo do programa, pedi a todos que, colaborassem fazendo perguntas mais curtas. Quando voltamos, o primeiro perguntador levou sete, repito, sete minutos para fazer uma pergunta! É óbvio que virou um debate a anteposição de uma tese a outra. Uma das dificuldades

era a distância entre o apresentador e os convidados, o que foi tentado com a possibilidade de o mediador andar pelo cenário e ficar perto de quem pergunta. É uma forma de ter um maior controle dos participantes para que o programa possa fluir melhor.

- Certa vez, fui dar um curso para um auditório de aproximadamente duzentas pessoas. Depois de uns dez minutos de exposição, uma pessoa me fez uma pergunta, que respondi rapidamente para não perder a atenção dos demais. Logo depois, outra pergunta. Nova resposta. Mais alguns minutos e ele já levantava a mão de novo. Percebi que ele tinha no colo o material impresso com o conteúdo do curso, distribuído antes da palestra. Não tive dúvida em dizer a ele, delicadamente, que se queria testar meus conhecimentos sobre o tema, que fizesse perguntas diferentes do folder que recebera, pois aquele texto era de minha autoria e eu conhecia profundamente o conteúdo. Todos riram, procurei ser o mais afável possível e a palestra chegou ao fim sem maiores problemas. No final, quando foi aberto o tempo para dúvidas, delicadamente, incentivei meu inquiridor a fazer perguntas, e as respondi da melhor forma possível, inclusive reconhecendo publicamente alguns reparos feitos por ele à minha palestra. Na saída, fiz questão de cumprimentá-lo sem tocar no episódio do texto escondido no colo.
- Não se torne o agressor. Você perde o apoio da plateia desnecessariamente. Seja emocionalmente inteligente. Se preciso, conte até dez; caso não seja suficiente, recite mentalmente o Sutra do Diamante ou o Tríptico Budista. Se não souber, conte até vinte.
- Há casos insolúveis, como uma pessoa alcoolizada ou drogada na plateia. É preciso que tirem a pessoa dali para a palestra continuar. Não insista em argumentos racionais com quem não está inteiramente no controle de suas emoções por causa de droga. Uma das coisas que mais os políticos temem em comício é encontrar um bêbado. Ele pode estragar tudo. Mais uma do velho Adhemar. Conta-se que durante um comício superlotado em São Paulo, no início dos anos 60, o velho populista discursava e a cada pausa um grupo da oposição, lá no fundo, gritava: "Ladrão, ladrão!". Lá pelas tantas, depois de tanta interrupção, Adhemar parou, bateu a mão no bolso da calça e bradou: "Neste bolso nunca entrou um tostão do

governo!!!". Imediatamente, a turma lá de trás gritou: "Calça nova, calça nova!!!". Em suma, em comício não dá.

- Ruído prejudica qualquer palestra. Vamos considerar como ruído qualquer coisa que afete nossos sentidos e que em maior ou menor grau prejudica a comunicação. Pode ser um vendedor de rua com seu megafone gritando "Pamonhas, pamonhas, pamonhas. Pamonhas de Piracicaba!!!", ou conversas paralelas, uma luz piscando, um rame no som ambiente, calor ou frio excessivos, enfim, condições ambientais adversas. Portanto, se algo não estiver bem, peça para mudar, consertar, regular e só aí inicie sua apresentação.
- Se você tiver uma afirmação forte para iniciar, use-a. Ela ajuda a prender a atenção. Alguns apresentadores gostam de fazer uma pergunta inicial e ouvir respostas do auditório. Essa técnica é recomendável para quem tem grande experiência, uma vez que a indagação pode provocar uma polêmica e causar a perda do controle da situação.
- Não permita que uma irritação se acumule até explodir. Acalme-se, espere um pouco, não aceite a provocação, use o momento certo para lançar seus argumentos de forma construtiva.
- Em situações hostis, a emoção é mais intensa. Mais uma razão para não fugir do objetivo central que é a apresentação de uma ideia, de uma proposta que seja capaz de ganhar o coração de todos. As emoções são contagiosas. Quantas vezes você já se pegou xingando a mãe do juiz, mesmo sem ter visto se o lance foi ou não de pênalti contra seu time? Portanto, rédea curta para a emoção, porque todos estarão prestando atenção nela.
- Nesses momentos de emoções exacerbadas, todos fazem parte de uma só corrente ou grupo, como naquele filme de bangue-bangue quando um grita: "Vamos linchá-lo!", e todo mundo sai correndo atrás de uma corda.
- Um dos maiores enganos cometidos pelos líderes, diz Goleman, é ignorar as regras básicas do grupo e de suas emoções coletivas e presumir que a mera força de sua liderança é suficiente para comandar o comportamento de todos. Só no cinema o herói sobe para falar sob vaia e ameaças, e desce ovacionado como um herói. Pense nisso! Lembre-se de que nem o Super-Homem, nem Clark Kent são bons oradores.

- Não se esqueça de que as emoções são contagiosas, repito, e desencadeiam uma reação coletiva que pode tender para a negatividade. Daí para frente, nem mesmo Marco Antônio, amigo de Cesar, seria capaz de fazer a plateia mudar de opinião. Numa situação extrema como essa é preferível interromper a apresentação e esperar uma nova oportunidade. Não corra o risco de tentar falar a qualquer custo, pois o resultado vai ser a perda de ambos os lados e da sua popularidade e credibilidade. Se chegar a esse ponto, tire o time.
- O professor era um profundo conhecedor da Geografia política e econômica, mas não era um bom didata. A plateia de uns 250 alunos jovens prestava atenção em suas aulas pela profundidade do seu conhecimento, ironia em criticar o governo em pleno período militar, e simpatia pessoal. Um belo dia, na turma do noturno, ele pediu a um aluno já madurão, que não parava de falar bem no meio da sala, que saísse. Ele estava atrapalhando a explicação. "Não saio!", respondeu o brutamontes,"Estou pagando, por isso vou ficar!". Silêncio tumular. Mestre de geografia, baixinho, magrinho, de fala mansa, pegou o microfone e perguntou ao Ferrabrás quanto ele pagava por mês. ele escreveu no meio do quadro a quantia. O silêncio se mantinha tumular. O professor oriental, em voz pausada começou dizendo: "Vou dividir o que você paga por trinta dias. Cada dia vou dividir por cinco aulas. Isso dá uns R$ 3,00 por aula". O silêncio aumentou. O mestre pôs a mão no bolso, pegou de novo o microfone e disse: "Aqui estão seus três reais. Pode vir pegar e depois saia". O auditório veio abaixo e o geógrafo foi eleito o ídolo de todos os professores da escola. Uma última informação: ele era praticante de zen-budismo e caratê.
- Antes de tentar uma aventura qualquer contra uma plateia hostil, lembre-se de que "nenhum de nós é tão inteligente quanto todos nós". No exemplo do professor de geografia, ele tinha o apoio da maioria do auditório, não caiu no erro emocional de desafiar todos os alunos. Desafiou uma única pessoa agindo de forma emocionalmente correta. Um erro nessa hora pode ser fatal. Imagine toda a plateia hostil se levantar e gritar: "Nós também queremos nosso dinheiro de volta!".

- É possível mudar a cabeça das pessoas que assistem a uma apresentação ou palestra? Sim, se você, com suas palavras e convicções, for capaz de envolver as pessoas emocionalmente e conseguir delas comprometimento e cumplicidade com seus ideais. Repito cumplicidade.
- Certa vez, enfrentei um auditório hostil. Fui inaugurar uma escola em Goiânia. Era minha primeira aula para uns 250 adolescentes que nunca tinham me visto. O ambiente era hostil porque a escola tinha sido comprada por grupo educacional de São Paulo.Além do bairrismo de parte a parte, o professor de História tinha sido demitido por não concordar com a mudança. Ele era o ídolo da rapaziada. Quando entrei para dar aula, levei uma sonora vaia, na hora que souberam que era professor de História. A sala era pequena para o auditório, muita gente estava sentada no chão e o tumulto era geral. Tentei acalmar a moçada, mas tudo em vão. Eu começava a falar e eles gritavam em coro o nome do colega ausente. Passaram-se dez minutos e nada. Tentei conversar com os adolescentes, mas a maioria não dava a menor atenção. A gritaria foi maior quando o professor, que estava se despedindo do emprego, apareceu na porta! Não tive dúvidas, convidei-o a entrar e dei o microfone na mão dele. Com a maior solidariedade, ele explicou por que estava deixando a escola. Silêncio tumular. No final de sua fala, pediu a todos que assistissem à minha aula. Pedi a ele que sentasse e ficasse conosco. O silêncio continuou até o final, e quando saímos, fomos aplaudidos. Voltei para São Paulo e ele foi recontratado.
- O próprio Lao-Tsé dizia que a pessoa que é muito insistente em seus próprios pontos de vista encontra poucos para concordar com ela.

Prepare-se para todas as perguntas e objeções possíveis
Mostre conhecimento suficiente para manter a credibilidade
Faça um treino prático
Explique claramente quando e como aceitará perguntas
Mantenha o controle da plateia e da situação
Use suas respostas para refocalizar o tema e a mensagem
Use humor e um toque suave quando possível
Mantenha energia vocal e física
Procure uma articulação clara
Esmere-se em pronúncia correta

Agora você é um gladiador

"Se a cólera que espuma, a dor que mora n'alma, e destrói cada ilusão que nasce Tudo o que punge, tudo o que devora O coração, no rosto estampasse."
Raimundo Correia (Mal secreto)

"Antes de falar, aprenda a pensar."
N. Boileau

"Quem fica parado é um alvo fácil"
Ditado popular

Apresentar-se como líder – é bom que você saiba – envolve assumir riscos pessoais. Você sai da sombra e passa para a claridade, portanto, é alvo de avaliações constantes. Não é possível não revelar as fraquezas próprias de cada ser humano. É preciso saber quais são, ajustá-las ao comportamento e não esconder a cabeça na areia como um avestruz.

É bom anotar também que a liderança não acontece no vácuo, mas em determinado contexto social, político, corporativo etc. Ninguém precisa, necessariamente, mostrar suas qualidades por meio de discurso de palanque, pode-se ser eficiente com interações individuais. Depende da personalidade de cada um e do contexto.

Luta não é briga. Na briga vale tudo, até xingar a mãe, cuspir no chão e desafiar o adversário a pisar ali. Quem conhece arte marcial não briga, luta. Usa a razão e não deixa a emoção tomar conta do combate. E, geralmente, ganha o arranca-rabo. Debate não é bate-boca. Por isso, jamais use em um debate palavras irretratáveis e nunca faça desabafos pessoais sobre seu adversário ou sobre você mesmo. Antes de entrar em um debate faça um balanço do adversário e do tema. Não aceite desafio. Debate não é uma cena de bangue-bangue, em que o bandido entra no *saloon*, beija a mocinha, bate no barman, quebra o piano mecânico e dá risada na cara do mocinho, que para salvar a honra de todos sai para a rua da pequena vila do Velho Oeste, dá duas baforadas no quebra-peito e liquida com o bandidão. Isso é só no cinema. Na vida real é um pouco diferente.

Avaliar a plateia é outro fator preponderante para aceitar um debate. Se o auditório torce desbragadamente por seu adversário, desista. Nada que você fale, por mais procedente que seja, vai mudar a reação e a preferência da plateia. Certa vez, mediei um debate em um encontro de publicitários, entre um conhecido apresentador sensacionalista de tevê e o vice-presidente de uma empresa automobilística.A plateia ficou totalmente ao lado do astro, vaiou o adversário e nada que ele dissesse poderia mudar o clima, ainda que fossem argumentos consistentes de bom-senso. O executivo avaliou mal o público e passou por um vexame que não merecia. Ele estava carregado de razão, mas perdeu para a emoção do seu adversário que estava no auge de sua fama de apresentador sensacionalista. Para piorar tudo, o executivo se irritou e passou a criticar a plateia. Foi vaiado. O adversário foi ovacionado, deu autógrafos e saiu nos braços dos fãs...

- Cuidado com a afoiteza; ela não é a antítese de indecisão. É sempre bom ter uma resposta pronta principalmente para alguns pontos previsíveis do tema da palestra. Ainda assim ocorrem perguntas que causam embaraço. Não parta para a enrolação. Pare um pouco, pense e responda.
- Você usaria um canhão para matar uma formiga? Claro que não. Portanto, não exagere nas suas respostas contundentes. Não use bala de canhão onde cabe apenas um pitaco do dedo mindinho. Usar exageradamente a força de seus argumentos ou a destreza de falar vai pôr a plateia a favor do oponente e contra você. Tenha bom-senso. Se for o caso, releve. Use sua inteligência emocional.
- Não queira esmagar seu opositor no debate. Apenas apresente seus argumentos e deixe que a plateia julgue e opte pela proposta que considerar melhor.

- Lembre-se de que o debate é uma oposição de ideias e não de egos. Não é você contra ele ou contra o mundo. É sua proposta contra outra proposta.
- Humilhar o adversário, nem pensar. Lembre-se do exemplo de Ulysses. Em tempo, adversário não é inimigo.
- Dê um tempo antes de responder a uma provocação. Assuma o compromisso de fazer cinco respirações abdominais antes de iniciar a resposta.
- Nada de afirmações indiretas que possam dar interpretações dúbias sobre sua proposta ou de quem estiver no debate. Seja direto, aberto, franco, preparado, além de gentil e delicado.
- É preciso ter o espírito aberto para ser convencido por uma ideia contrária. Se isso acontecer, não se acanhe em reconhecer publicamente que mudou seu entendimento a respeito do assunto. Isso não diminui ninguém; afinal, alguém já disse que só os imbecis não mudam.
- Espere o ponto final da exposição alheia para rebater ou iniciar sua contra-argumentação. Nunca interrompa o debatedor. Anote no papel suas observações e fale depois.
- Evite responder a mais de uma pergunta. Quando alguém fizer três ou quatro perguntas ao mesmo tempo, lance mão do método do Jack, o Estripador, ou seja, vá por partes. Delicadamente, se é que algum estripador pode ser delicado, peça que façam uma pergunta por vez e vá respondendo uma a uma. Como os irmãos Horácios que já citei.
- Quantas vezes você já classificou alguém como demagogo? Eles são os que transmitem mensagens carregadas de susto, raiva e medo. São os que pregam a rivalidade e o ódio, elegem um falso inimigo. Obviamente, o campo corporativo não tem espaço para eles. Alguns até tentam.
- De todas as situações, o debate é aquela que mais desestabiliza as pessoas. Já participei de muitos, tanto como debatedor como mediador. Certa vez, presenciei um ex-ministro pôr outro ex-ministro a nocaute. Outras vezes, tive que suspender o debate porque um dos convidados passou para ofensas pessoais e outras baixarias. Não é o caso da comunicação corporativa, é claro.

- Se você é do tipo "pavio curto", vai precisar de muito mais treino. Nada de elevar a voz, gritar ou ofender o adversário. Quem faz isso perde a razão no entender dos que assistem ao debate, ainda que você esteja carregado de razão.
- Uma boa técnica para evitar um confronto mais duro é falar em tese e não diretamente sobre o assunto e evitar dizer o nome e coisas que se refiram ao outro debatedor. Não o ignore, apenas não o converta em alvo de suas afirmações mais duras.
- Jamais humilhe o opositor. Não o diminua. Não faça piadas de mau gosto sobre ele. Não o ofenda de forma alguma. Não pense que você é Deus, lembre-se de que só os jornalistas acreditam que são...
- Seja humilde, gentil, cavalheiro, sempre. Ganhe a simpatia do auditório. Jamais reaja se houver qualquer demonstração de desagrado quando estiver falando. Espere passar e continue com suas ideias.
- No debate, é preciso manter as reações de forma eficaz. Um bom método é ficar atento às reações físicas. Não precisa ser um *yogui* ou um praticante do *zazen*, basta aplicar o método que os samurais usavam no campo de batalha, ou seja, não ser o primeiro a atacar. Nem o segundo, nem o terceiro, nem o último. Vou repetir: ouça. Deixe que os outros falem. Preste atenção. Anote as ideias principais, tanto as que merecem contestação como elogio. Se for sincero, elogie o oponente. Deixe que ele fale abertamente. Faça perguntas educadas e relevantes dos pontos que não entendeu bem. Quando for sua vez, respire fundo várias vezes, tome água, dê um pequeno intervalo e comece a falar. Use uma entonação firme, mas não agressiva. Seja leal sempre.
- É uma ilusão achar que é possível "ganhar" um debate ou "nocautear" o debatedor. Ganhar significa convencer o auditório de nossas ideias e respeitar o ponto de vista de outros. Isso fortalece a autoconfiança, a empatia e a persuasão. Maomé dizia que o mais forte é aquele que sabe dominar-se na hora da cólera.
- Não se esqueça de que, em situação de combate, não adianta ser muito rápido no gatilho e errar o alvo. Há um ditado persa que diz que com palavras suaves você consegue arrastar um elefante com um fio de cabelo. Confesso que nunca testei.

Deve-se construir empatia
Quando se perseguem duas caças não se captura nenhuma
A apresentação deve ser forte e dinâmica
Agarre-se à sua abertura e ao tema proposto
Não coma letras (por exemplo, pra, pro, dum)
Evite "oh", "hã", "ok", "tá", "entende"
Uso suficiente da pausa
Não fique na defensiva
Não deixe pergunta sem resposta
Conquiste a plateia
Satisfaça o perguntador e o restante da plateia

Espelho meu, espelho meu...

"Narciso acha feio o que não é espelho."
Caetano Veloso

"O exemplo nos afeta mais do que a ameaça."
P. Corneille

"A escravaninha é um lugar perigoso de onde se observar o mundo."
Le Carré"

Complete a frase do título do capítulo. Seria: "...existe alguém mais belo do que eu?" Para ser um bom líder orador, palestrante, comunicador é preciso, acima de tudo, ter humildade. Certa vez, disseram a Winston Churchill que dez mil pessoas o esperavam para ouvi-lo em uma concentração. Ele respondeu: "Dez vezes mais pessoas viriam se fosse para assistir ao meu enforcamento". Em outras palavras, Churchill, apesar de ser o grande herói inglês do século XX, sabia de suas limitações e, portanto, cultivava a humildade. Por aí você percebe que não há líder ideal, ou seja, aquele que é capaz de liderar sempre, em qualquer situação, se fosse assim, Churchill não teria perdido a eleição logo após o fim da guerra que ele ajudou a ganhar.

Quando pensamos em líderes logo imaginamos megaexecutivos, megapolíticos que sabem sempre mais que todos, mais hábeis sempre, enfim, demonstram sua liderança 24 horas por dia. Até em encontros de *happy hour* da empresa eles lideram. É um exagero. Para se ter o controle da situação sempre é preciso ser um autocrata, um ditador e não um ser humano como outro qualquer. Lembre-se que uma boa parte dos líderes históricos que conhecemos se impuseram pela força, de Alexandre Magno a Muammar Kadhafi.

Fuja da comparação com o mundo artístico. É claro que falar em público ajuda a carreira e ao mesmo tempo dá visibilidade e algum sucesso; cria admiração por parte de outras pessoas, o que não tem nada de mais. Cria também rivais que não se conformam com o sucesso alheio. É, acima de tudo, agradável ter a sensação de que estamos falando para um auditório superlotado e as pessoas estão prestando atenção naquilo que a gente diz. Quem não gosta? Se você acha que é um exagero dar tanta importância para um gesto, o que você achou quando um a'presentador deu uma banana bem no meio do jornal da noite? Quem viu nunca mais esqueceu. Por isso, cuidado com aquelas "coçadinhas" inconscientes quando estiver na frente de uma plateia. Pega mal. É muito pior quando ocorre na frente de uma câmera de vídeo e pode virar meme. Eu comento isso no livro *Midia Training – Como Usar as Mídias Sociais a Seu Favor.* Desculpe pelo comercial.

- É bom se dar conta de que o ser humano é um arranjo de partes relacionadas em um espaço tridimensional, o que define uma estrutura. Nada mais, nada menos. Portanto, não há muito do que se jactar.
- Ser estruturalmente equilibrado proporciona melhor postura, apresentação e mais pique para atender com prazer às exigências de uma palestra ou apresentação.
- Alinhe sempre seu corpo. Procure o equilíbrio postural uma vez que a energia usada para manter um corpo desalinhado em pé é desviada do foco central do seu esforço, que é dar uma boa palestra.
- A linguagem oral é uma conquista relativamente recente se você considerar toda a evolução biológica do ser humano. Passamos a maior parte da nossa evolução nos comunicando por meio da linguagem corporal. Depois disso você ainda tem coragem de dizer que a postura não é relevante em suas palestras? Só se você for um símio.
- Preste o máximo de atenção em sua postura. Você pode dizer uma coisa com as palavras, e sua linguagem corporal comunicar uma coisa totalmente diferente para a plateia.

- Você pode mentir com a fala, mas não com o corpo. Já pensou em fazer uma apresentação com uma voz vibrante para incitar os gestores de sua empresa e apresentar uma postura caidaça, totalmente torta e desleixada? Alguém vai acreditar em você? Talvez mamãe...
- Dependendo de sua postura, a leitura que o auditório fará de você é de uma pessoa fraca, sem iniciativa, "devagar quase parando" etc. Tudo isso advém do desequilíbrio físico, que afeta sua postura.
- O esforço para convencer sua audiência será muito maior se você não planejar sua postura corretamente. Em situações como essa, seu corpo joga contra você e contra sua finalidade de estabelecer comunicação com quem ouve.
- Com um pouco de concentração, postura e relaxamento é possível controlar músculos tensos, respiração artificial, mãos e pés frios ou excessivamente suados e intestino preso. Se esses estados se prolongam, é necessário pedir ajuda a um psicólogo ou um profissional afim.
- Lembre-se de que as estruturas humanas incluem um corpo físico dotado de inteligência própria, que é capaz de coletar literalmente na pele informações dos ambientes internos e externos. É preciso prestar atenção nessas informações e direcioná-las para o sucesso da apresentação. Se o ambiente está muito quente e você sua em bicas, ainda assim acha que pode dar uma boa palestra? Só ser for o Super-Homem. No momento de falar, deixe tudo de lado, esqueça tudo. Exceto o que vai dizer, é óbvio. Muita calma nessa hora. Esqueça dívida, nota baixa do filho e cartão de crédito da esposa. E até a última derrota do Timão. Olho no lance, como diz o locutor esportivo.
- Para fazer uma apresentação com a mão no bolso é preciso ter a experiência do jornalista, que usa desse recurso tanto nos vídeos como em suas brilhantes palestras. Se não tiver essa manha, é preferível deixar as mãos livres para gesticular.
- Antes de você dizer qualquer coisa, o auditório começa a fazer um julgamento. Ele o observa atentamente; por isso, comporte-se com equilíbrio até a hora de sua apresentação. Preste atenção no mestre de cerimônia e nas pessoas que o antecederem. Nada de displicência, nem de achar que a partida já está ganha.

- Não se esqueça de que arrogância não é só a antítese da humildade, é também o contraponto de novas aprendizagens. Alguém sempre sabe mais do que nós em determinado assunto em certo tempo. Não tampe os ouvidos achando que é o Senhor dos Anéis.
- Detalhes não são para serem abandonados, mas colocados em seu devido lugar. Eles não podem se sobrepor às ideias mais importantes que devem ser comunicadas, mas também não devem ser esquecidos. Já se disse que é lá que mora o Diabo. O momento atual é de alta competitividade, muita coisa parecida, e o detalhe pode ser o desempatador. Em determinadas situações, ele pode ser essencial e, às vezes, pode ser até sua aparência. Não vá a uma palestra para executivos de traje esporte.
- Ainda sobre a arrogância, o público espera de você comprovado conhecimento sobre o assunto que vai falar. Não confunda autoridade com prepotência. A verdadeira autoridade emana do conhecimento, da experiência e de um bom currículo.
- Sinceridade é fundamental para a comunicação, por isso, antes de falar publicamente, considere duas coisas: o que fala em público é o mesmo que fala em particular? O que sugere que os outros façam é o que você já faz?
- Melhor definição de chato: aquele que fala por si mesmo. É um pé no saco ouvir aquele cidadão dizer que é o tal, etc. e tal, pela enésima vez. Deixe um pequeno currículo com o apresentador. E só. Pus meu currículo como última coisa deste livro, para livrá-lo de um chato.

Frases no Power Point – POUCAS
Certifique-se de que as letras sejam grandes o bastante
Os slides devem ser visíveis para todos
Pratique com antecedente o uso dos equipamentos visuais
Use humor, quando possível...
Numere todos os slides e páginas do Power Point
Mantenha algumas luzes acesas
Certifique-se de que os visuais são coerentes com seu discurso e objetivo
Se ocorrer falha, você tem um plano alternativo?
Pode falar sem o Power Point? Treine

Definir o alvo

"O discurso é a imagem das ações."
Sólon

"Todos os grandes líderes devem primeiro aprender a obedecer."
Aristóteles

"Os líderes carismáticos geralmente são suspeitos"
P. Kotler

Para ser um líder não basta falar como tal, é preciso ter certeza sobre o seu objetivo e seus valores, algo pelo qual realmente se importa. Para tanto, é importante o contexto, por isso, não existe uma fórmula universal de liderança, mas ela está condicionada como tantos exemplos citados aqui, ou melhor, cada caso é um caso.

O discurso é importante, uma vez que já ficou claro aqui que a liderança é um relacionamento entre líderes e liderados. E por isso, além da boca, precisa ter olhos e ouvidos bem abertos para entender e praticar um conjunto de conceitos usados no dia a dia. Por esse motivo a socialização é tão importante. O processo de liderança se dá dentro dela. Assim, espera-se ter, constantemente, a ação necessária de leitura e releitura do contexto a fim de alcançar um objetivo maior.

Os líderes precisam aprender a adaptar-se bastante para fazer as conexões necessárias e conseguir tanto indicar caminhos quanto implementar mudanças.

Líderes corporativos, políticos e sociais conseguem gerar altos níveis de resposta emocional, lealdade e afeição.

Conta-se que alguns líderes cultivaram o distanciamento, como De Gaulle. Acreditava-se que o líder não podia ter autoridade sem prestígio, nem prestigiar sem manter distância. Volto a lembrar que ele também esteve condicionado pela Segunda Guerra Mundial, Guerra da Argélia, Revolução de 1968 e outros pepinos de grande quilate.

Conta-se que a carreira de Napoleão embalou quando lançou mão de cálculos de balística para calibrar os canhões da artilharia francesa. Nessa época, ele ainda era um jovem cadete do exército. As más-línguas, contudo (sempre há as más-línguas) atribuem o sucesso ao charme da mulher dele, Josefina, com políticos influentes do governo. Tudo fofoca, é claro. Seja o corso, eu disse corso, ou Gengis Khan, ou Júlio César, todos precisaram de uma estratégia. Você não vai entrar em guerra com os francos, nem vai enfrentar o Asterix ou o Obelix, mas também precisa de uma estratégia. É preciso acertar o alvo. Às vezes a gente tem tanta sorte que até errando dá certo. Como o dia em que o Almirante Custódio de Mello virou os canhões da esquadra brasileira, estacionada na Baía de Guanabara, contra a casa do primeiro presidente do Brasil, Marechal Deodoro. Ele tinha fechado o Congresso e virou ditador. Começamos bem... Custódio deu o ultimato: ou o marechal renunciava ou o almirante enchia de chumbo a casa do velho militar. Deodoro resistiu e o almirante atirou. A bala errou o alvo e foi acertar a Igreja da Candelária. Deodoro renunciou. Não vá confiar na sua sorte. Melhore a pontaria antes de ameaçar atirar, ou melhor, antes de assumir o compromisso para uma apresentação ou palestra. Vamos lá.

- Inicialmente é preciso estabelecer o objetivo e delinear claramente a situação-desafio que vai ser enfrentada. O objetivo é convencer as pessoas das ideias e propostas para uma dada situação. O desafio é juntar uma série de argumentos que se transformem na ferramenta para se alcançar o alvo. Nesta fase, não se pode errar a mão nem para mais, nem para menos. Se errar, a bala disparada não vai atingir o alvo.
- Não vá confundir o objetivo de convencer as pessoas com o propósito de convencer que é uma simples intenção, ou seja, um canhão carregado de balas de festim. Pura perda de tempo.

- O convencimento da plateia é o objetivo principal, essencial. Tudo o mais é acessório. Se puder fazer isso com humor, ótimo, mas não se esqueça de que você está lá para dar seu recado e não virar humorista. Não perca nunca isso de vista, pois é a razão de você estar na frente de todos e atrás de uma tribuna.
- Uma vez convencido de que convencer (desculpe) e comunicar é o objetivo, passe a elaborar com raciocínio e paciência o conteúdo do discurso que vai apresentar.
- Não confunda o desejo de ser um bom palestrante com o objetivo de ser um bom palestrante. Querer é vontade, é propósito, e para se tornar um objetivo tem que ser planejado e executado o mais racionalmente possível. A grande sacada é harmonizar objetivos e sabedoria.
- Lembre-se de que é preciso coletar fatos para montar uma boa estratégia. Primeiro, avalie corretamente o assunto que você vai falar e seu conhecimento sobre ele. Junte o máximo que puder de informações sobre o público-alvo e as condições da palestra. Escreva os pontos principais. Não confie na memória.
- Responda rapidamente: por que você foi escolhido para falar? Por que não outra pessoa? Se você conseguiu responder, continue. Se não conseguiu, contrate uma *babysitter.*
- Procure definir o alvo do planejamento e não fique virando em volta, ou deixando o planejamento para amanhã, ou entrando naquele "senta, levanta". Assim, o trabalho não progride. Faça de uma golfada só. Não interrompa. Depois de pronto, imediatamente, ou em outro momento, faça uma outra incursão. Reveja tudo e não apenas uma parte. Nada de usar o método "Jack, o estripador" nesse caso. Tenha um bloco de notas do celular no bolso. Lembrou, anotou.
- Avalie corretamente os problemas que surgem para montar uma boa apresentação ou palestra. Uma formulação correta é meio caminho para sua solução. Deixe o acessório para depois. Fique nas questões centrais, como tema, conhecimento, avaliação do público-alvo, tempo etc.
- A arte de boas palestras e apresentação, como tantas outras atividades, depende de constantes aperfeiçoamentos. Há sempre algo

a aprender ou assimilar. Uma das formas é rever os temas sobre os quais você fala e assumir uma atitude criativa. Para isso é preciso abrir mão de crenças e hábitos arraigados. Se seu material de apoio tiver mais de dois anos, jogue fora. Depois de renová-lo, é claro. Quando jogamos fora, somos obrigados, pela necessidade, a construir novo material de apoio. Nunca guardei nada, para não ter a tentação de usar sempre as mesmas coisas. Mais ou menos como Cortês, que quando chegou ao México, procedente de Cuba, para conquistar os astecas, ao saber que seus homens ameaçavam se rebelar e voltar para casa, mandou incendiar os navios...

- Depois de montar o material de apoio com as novas apresentações, faça um teste de aceitação. Peça que duas ou três pessoas assistam a sua apresentação e façam críticas sinceras. Peça para que não façam elogios. Só críticas. Lembre-se de que isso é uma demonstração de amizade.
- Faça o teste do advogado do diabo. Uma pessoa assiste a tudo e faz críticas procurando não deixar pedra sobre pedra. Mais ou menos como o time adversário faz com a defesa do seu time. Você rebate e procura defender o que puder. Faça um balanço após o exercício. Fique com o que conseguiu defender. O resto, troque.
- Se houver dificuldades, como ideias que não ficaram muito claras, peça ajuda a quem entende do assunto. Não seja tímido. E caso use ideias ou propostas de alguém, diga isso no dia da apresentação. Além de ser uma atitude ética, você soma credibilidade ao tema e não perde nada. Só um pouco de vaidade, se é que você ainda cultiva essa bobagem.
- É bom testar a apresentação no local da palestra se for algo muito importante. Muitas vezes a ambientação ajuda a descobrir furos que podem ser sanados antes da apresentação definitiva.
- Em uma sequência de apresentações, não seja nem mais nem menos formal do que os outros palestrantes. É bom assistir às palestras de outras pessoas, e, além de apreciar o conteúdo, anote também as técnicas que foram usadas e que mais o impressionaram.
- A comunicação é uma pista de mão dupla, sempre acontece nos dois sentidos, por isso espere perguntas, contestações, debates e críticas ao seu trabalho.

- Alguém já disse que a coisa que mais gostamos de ouvir é nosso nome. Claro, se você não se chamar Heródoto, Hipócrates, Teofrasto... Brincadeira. Não se iniba em dizer na sua palestra nomes de pessoas presentes ou não. É uma homenagem. Isso não tira seu brilho, aumenta. Você conquista a simpatia dos citados e da plateia. Atribua a eles suas qualidades e sucessos. Não bajule, nem seja puxa-saco. Seja justo nas suas citações, exemplos, casos, mesmo que sejam das pessoas mais humildes da organização. Aproveite o espaço para fazer justiça.
- Nós, jornalistas, antes de comunicar uma notícia costumamos submetê-la às interrogações: quem, quando, como, por quê, onde. É uma prática para saber se não falta algo essencial para a compreensão da notícia. Esses interrogativos também servem para o planejamento de sua palestra.
- No entanto, para qualquer líder, quer na frente do jornalista, quer no ambiente da empresa, Daniel Goleman lista as principais deficiências:
- flexibilidade – dificuldade de se adaptar a mudanças na cultura organizacional ou a receber *feedback*;
- vínculos – profissionais muito críticos, insensíveis ou exigentes e distantes das pessoas com quem trabalham;
- autocontrole – pouca capacidade de trabalhar sob pressão, com tendência ao isolamento ou a explosões de raiva por não suportar situações de tensão ou crise;
- responsabilidade (ou falta de) – não assumir erros ou reagir defensivamente, transferindo a culpa para outros profissionais;
- generosidade – profissionais gananciosos, dispostos a levar vantagem à custa dos outros, não se mostravam íntegros ou atentos às necessidades dos subordinados ou colegas;
- habilidades sociais – falta de empatia e sensibilidade, eram mais propensos a intimidar, a enganar e manipular os subordinados, além de cáusticos e arrogantes;
- respeito e cooperação – dificuldade em construir uma rede de relacionamentos de colaboração e elminar a diversidade, buscando homogeneizar o grupo.

Como e quando distribuír material de apoio
Veja se é coerente com o tema
Reveja tudo antes da apresentação
Tenha como anotar nomes e recomendações
Junte todas as informações possíveis
Não se afaste do tema central
Deixe temas paralelos para depois da palestra
Avalie se vale a pena entrar em tema político
Comunicação é uma via de mão dupla
Não cais na armadilha de outros temas

Tome memorol ou então escreva

"Geralmente levo mais de três semanas a preparar um bom discurso de improviso."
Mark Twain

"O melhor orador do mundo é o triunfo."
Emílio Campos

"Visão é a arte de ver coisas invisíveis."
J. Swift

"Memorol é um tônico que fortalece sua memória e não deixa você esquecer o aniversário da sogra, a data do seu casamento, nem o dia que a prestação do cartão de crédito vence. Tome Memorol ou então escreva. Você encontra Memorol nas boas casas do ramo ou na farmácia do Germano, em frente da Matriz e ao lado da Selaria Casco de Prata. Não tem contraindicação. Tome Memorol ou então escreva."Se os sintomas persistirem, consulte um manual de oratória.Você está ouvindo a FM 87,5 Rádio Caramelo de Taiaçupeba, a emissora que não dá chabu." O anúncio que você acabou de ouvir ou, melhor, de ler supostamente foi veiculado nessa pequena, porém decente, emissora do hinterlande, desculpem-me o anacronismo, brasileiro. É obvio que nem a rádio Taiaçupeba poria esse comercial fajuto no ar. Não há remédio milagroso para a memória. Ainda não inventaram o Viagra Memorol. Estão pesquisando...

Errar nome de pessoas é imperdoável. Cargos e títulos, nem pensar, mesmo porque aí você mexe com o ego do homenageado e ele pode achar que você quer diminuí-lo em tão importante solenidade. Todo cuidado é pouco. O um ex-governador de São Paulo era campeão em errar nomes. Virou até meme.

Lembro-me de uma ocasião em que, ao ser entrevistado em um programa de televisão, ele chamou o ex-presidente Tancredo Neves de Tancredo Naves. Suas trocas eram tantas que os jornalistas anotavam e publicavam em colunas de política. O outro extremo era o velho Adhemar, cujo slogan dado pelo jornalista Paulo Duarte era "rouba, mas faz". Aliás, ele era o verdadeiro. Depois surgiram outros que deixariam o velho populista envergonhado como um garoto flagrado tirando uns trocos da caixa da igreja. Conta-se que certa vez estava em campanha pelo interior de São Paulo, viajando de cidade em cidade de avião, e depois de muitas biritas, como seu figadal inimigo eram chegados, trocou o nome da cidade em pleno comício na praça central da fonte luminosa, apinhada de gente. E insistia no erro dizendo: "Povo de Aroeira!!!", e o prefeito corrigia no microfone: "É Barroso, doutor Adhemar". Daí a pouco ele sapecava outra vez: "Povo de Aroeira!!!", e o prefeito corrigia: "Doutor Adhemar, é Barroso". Lá pelas tantas, depois da quarta correção, Adhemar não deixou por menos e respondeu ao prefeito: "É tudo a mesma merda!!!".

Essa história pertence ao folclore político, mas ainda assim só um líder com o carisma dele poderia ter dito uma batatada dessa e ser o mais votado na cidade.

Você está percebendo, com tantas sugestões dos autores consultados e minhas, que a liderança é uma virtude e não um dom. É uma construção passo a passo, apoiada na força intrínseca de cada um de nós. Virtualmente, tanto as pessoas possuem um líder dentro de si, como uma semente contém uma árvore. Dadas as condições ideais, a árvore se desenvolve e deixa a semente para trás. Assim, dadas determinadas circunstâncias, se desenvolve um líder capaz de levar adiante pessoas, projetos, ideias e metas. Desse modo, o líder inspira pessoas a executar determinada ideia ou projeto, ou seja, é capaz de juntar um grupo em torno de um ideal comum.

- Respirar corretamente ajuda a impedir o "branco total", também conhecido como Efeito Omo, aquele apagão às avessas que dá na nossa cabeça, fazendo com que esqueçamos absolutamente tudo o que vamos falar.

- Treine respiração abdominal e acostume-se a ela durante sua palestra. O fôlego é muito maior, aumenta a resistência ao cansaço e a voz não some durante a apresentação. Procure respirar pelo nariz e deixar o ar sair pela boca, evitando a boca ressecar e atrapalhar a fala. Não chegue muito perto do microfone para que sua respiração não seja amplificada.
- Atenção: isso não é papo furado. Respiração é importante, ainda que você possa achar uma bobagem. Em caso de dificuldade, recorra a um técnico esportivo, professor de ioga, fisioterapeuta, pneumologista e outros profissionais gabaritados. Atenção de novo: não é respiração boca a boca.
- Você é daquele tipo que resolve tudo facilmente, com muita ação e pouca preparação? Para falar bem é necessário conjugar o verbo, treinar até saber de cor. Faça uma rápida comparação entre você e um boxeador. Ele treina meses para uma luta que pode durar alguns segundos, ou no máximo meia hora. Você pode treinar só meia hora para fazer uma apresentação de uma hora inteira? Se você ainda não se convenceu de que é preciso treinar antes, leia o que disse Confúcio: "Aquilo que eu escuto, eu esqueço; aquilo que eu vejo, eu lembro; aquilo que eu faço, eu aprendo". Se você ensaia, treina, se arrisca a falar em público, você aprende a falar bem!
- Uma época reuni alguns professores e formamos um grupo multidisciplinar. O objetivo era desenvolver o conhecimento de outras disciplinas, debater temas comuns e desenvolver as qualidades de apresentação em público. Era um exercício semanal no qual se aprendia conteúdo e técnicas de exposição. Com essas sessões, todos experimentavam novos comportamentos e oportunidades. Portanto, era mais do que um grupo de estudo, era um grupo que aprendia e ensinava como falar em público. Depois de algum tempo, foi possível ganhar confiança mútua e sofrer críticas em público. Um passou a ganhar com a ajuda do outro e todos melhoraram. Ninguém se ofendia com as observações do grupo, e todos preparavam exposições de sua especialidade de tal forma que os demais fossem capazes de entender. Em suma, um especialista falava para

leigos. O grupo reunia professores de matemática, física, português, química, história, biologia e outros assuntos. Todo mundo treinava falar para leigos, convencê-los e passar as ideias centrais do conteúdo. Havia coordenação de objetivos e, como disse, ninguém se ofendia com as críticas. Aliás, os elogios eram proibidos. Houve uma melhoria geral, uma vez que as qualidades da apresentação pessoal passaram a ser propriedade de todos. O grupo desenvolveu uma grande confiança mútua e descobriu que um podia contar com o outro e melhorar suas competências intelectuais e de apresentação pública.

- Um líder de uma organização poderia fazer o mesmo. Reunir os líderes de diversas áreas da empresa, talvez uma vez por mês, e em cada sessão um faz uma exposição didática de um assunto específico. Aos poucos, todos vão tomando conhecimento da organização, sabendo alguma coisa sobre áreas correlatas à sua, e podem ajudar muito mais o conjunto. É um processo aberto, até que descontraído, com exposição curta de uns 20 minutos com dez para perguntas. O ganho vai ser de todos, logo, da empresa.
- Durante uma palestra, ninguém esquece que está sendo observado com olhos de admiração e olhos críticos. O balançar positivo da cabeça, os olhos brilhantes, a face descontraída e o sorriso são os indicativos de que tudo está indo bem. Para alguns. Outros podem colocar em dúvida nosso sucesso e proporcionar instabilidade psicológica. É mais agradável falar com quem está em sintonia, mas o que fazer com os demais? Enfrentá-los, partir do princípio de que há apoio no auditório e que é preciso conquistar os demais. Concentre-se neles e conquiste-os. Você pode. Vá em frente.
- É possível que ocorra a sensação de fracasso em determinadas situações que antecedem uma situação de grande perigo de constrangimento. Daí advém o estresse, o inimigo número um dos palestrantes. Ele se manifesta das maneiras mais diferentes. No meu caso, disparo e começo a falar com grande velocidade. O que a princípio é um recurso para prender a atenção, se transforma em um dispersor. Raras vezes tomei consciência disso em plena palestra, e pouquíssimas vezes consegui reverter o quadro desfavorável. Melhorei graças às críticas recebidas de grupos de estudo e também

de ouvintes, internautas e telespectadores. Hoje tenho mais condição de enfrentar esse tipo de estresse.

- A aventura de superar a inibição, o estresse e o constrangimento é fascinante. Cada passo que se dá é uma alegria. E o único caminho possível é o TC, ou seja, treino e crítica, o resto é nota de rodapé. Papo furado. Nossas inibições vão se desfazendo como fumaça no ar. A segurança ao enfrentar o medo do ridículo se manifesta na medida em que se está entre iguais. Se todo mundo erra, por que não eu? Se todo mundo tropeça, por que não eu? Se todo mundo está perdendo o medo de falar em frente a um auditório, por que não eu? É o caminho da superação do estresse.
- Só os amigos apontam nossas falhas. Muitas vezes cheguei à noite em casa e a Wal, minha mulher, me esperava com um sorriso e várias críticas à minha atuação no telejornal multimida da Record News. A crítica faz com que me lembre de minha avó materna, Amábile. Quando íamos de férias à casa dela, nos dava uma colherada de um horroroso óleo de rícino. Era de gosto ruim, mas ótimo para a saúde, dizia a velha italiana. Não é gostoso ouvir crítica, mas é saudável.
- Os zen-budistas recomendam que se escolha um mestre para avançar no conhecimento. Deve-se estabelecer uma relação de franqueza com alguém capaz de identificar nossos defeitos e virtudes. O mesmo se dá na senda da boa palestra. É preciso eleger um *ombudsman* para que as apresentações melhorem sempre.
- Quantas vezes você já ouviu dizer que quatro olhos enxergam mais que dois? E quatro orelhas? E dois cérebros? E se for dezenas de olhos, ouvidos e cérebros? Os grupos de estudo reúnem tudo isso. É uma ajuda inestimável e permite a aceleração de etapas do aprendizado e aprimoramento da arte de falar em público.
- O estímulo à criatividade tem sido incentivado cada vez mais – do mundo acadêmico ao corporativo –, no dia a dia da sobrevivência das pessoas. É um diferencial competitivo para qualquer atividade humana e, por isso, precisa estar presente nas palestras e apresentações. O resultado é percebido no brilho dos olhos da plateia, nas calorosas palmas finais e nos comentários. Portanto, nunca se contente com a primeira ideia que lhe ocorrer. Busque outras para, entre

muitas, escolher a melhor. Não se acomode. Existe sempre uma maneira melhor para formular uma apresentação. Ideias não saem do nada. Associe, adapte, substitua, modifique, reduza. As combinações são infinitas. Não acredite em bordões. Tenha iniciativa. A criatividade é a extensão da inteligência, é a capacidade de armazenar e manejar adequadamente um vasto volume de dados, é o poder de síntese, da faculdade de combinar esses dados para se obter algo novo e útil. O palestrante criativo não se conforma em fazer apenas o que se espera dele. Criatividade é o antídoto para o chato.

- Toda apresentação, não importa quantas vezes você a faça, deve soar como algo novo. Quanto mais você falar em público, melhor palestrante será. É possível repetir com entusiasmo um tema já abordado? É. Quando dava aulas no cursinho, a moçada ia me seguindo de classe em classe. Eu ficava constrangido de ter que repetir o que eles haviam ouvido há pouco em outra sala. De cara, não repetia nenhuma piada, cruste ou brincadeira que tinha feito na aula passada. Pegava o tema "Revolução Industrial" e buscava novas abordagens, que não tinha dado em aulas anteriores. Claro que o núcleo central era o mesmo, mas aprofundava partes diferentes do assunto em cada aula. Isso incentivava a aumentar o número de seguidores, e eu era obrigado a estudar mais temas para fugir da mesmice. Era cansativo, mas compensador.

Avalie se a apresentação está bem preparada
Avalie se está bem treinada
A ilusão da primeira vez
Projete a plateia no tema escolhido
Mostre senso de realidade ou vividez
Construa empatia
Memorize plenamente a abertura e a conclusão
Todas as transições estão escritas com clareza?
Pratique com um microfone
Use anotações de segurança e de transição; numere-as
Mais palestras, mais treino melhoria

Desculpem nossa falha

"A única maneira de sobreviver em um mundo atacado pela mudança é por meio da criação e inovação."
E. Ravdsepp

"O principal requisito da eloquência é a clareza."
Quintiliano

"Apostar na inovação é mais seguro que na mesmice".
P. Kotler

Não é fácil aprender com os própios erros. O ideal é planejar antes a palestra ou apresentação e imitar a banda do velho Glenn Miller. Eles ensaiavam, ensaiavam, e quando iam gravar era de uma só vez. Não tinha erro. Uma única gravação. São raríssimas as cópias de uma ou outra música que a orquestra gravou e não foi transformada em disco. Elas são raras. Coisa de colecionador. Contudo, as mancadas acontecem, ainda que a gente se prepare com cuidado. Imagine, se achar que na hora H se dá um jeito e tudo sai bem. Não sai. Já ouviu falar na lei de Murphy? Lembra-se daquele experimentado apresentador de televisão que cometeu o erro de achar que o microfone estava fechado e quando entrou no ar um grupo de balé masculino disse em alto e bom som "Isto é coisa de veado!!!"? Ou daquele outro que comia durante os intervalos do programa e foi flagrado no ar com a boca cheia de bolacha? Que fora!!!

Tudo o que é importante não se acerta da primeira vez, lembre-se. Por isso é necessário aprender com as falhas e não varrê-las para baixo da autoestima.

Seja cruel na sua própria avaliação. Não seja condescendente com seus erros nem tente minimizá-los. É preciso pedir a um ou mais amigos que assistiram à sua apresentação que façam críticas. Peça só a crítica e deixe de lado os elogios, repito mais uma vez. Só os amigos apontam os erros para que a gente consiga superá-los. Aprenda a ouvir com humildade e não se ofenda com as observações feitas. Aprenda com elas. Há pessoas que preferem aprender primeiro teoricamente para depois pôr em prática. Cada um tem seu próprio jeito, contudo a prática ajuda muito e torna tudo mais fácil, até falar em público ou através das midias sociais. Há pessoas que, embora sejam falantes e extrovertidas, ao depararem com um microfone ou uma câmera de vídeo, travam. Não são capazes de dizer uma palavra. Outras que pessoalmente chegam a ser tímidas não têm dificuldades com a mídia.

Para solucionar a questão vamos a um exemplo prático: você se lembra de quando aprendeu a dirigir? A insegurança era grande, você achava que todos iam bater no seu carro, as marchas não engatavam, o suor de suas mãos molhavam o volante e, às vezes, o banco... Baliza, parar na subida, e ré, nem pensar. No entanto, hoje você dirige bem e talvez nem se lembre de tudo isso. O que aconteceu? Você treinou, treinou, treinou, tirou a CNH e continua treinando até hoje, todos os dias, quando vai ao trabalho ou ao supermercado. Você dirige bem porque treinou e seu nome não é Barbeiro.

Certo dia, resolvi tirar o brevê com meu irmão, que era instrutor de voo. Na primeira aula saímos com um avião de acrobacia e ele resolveu me testar para saber se tinha "estômago de aviador". Quando pousou, minhas pernas tremiam tanto que mal conseguia ficar de pé. Cheguei a tentar desistir, mas esse verbo tinha sido tirado da letra D do meu dicionário pessoal e eu nem tinha percebido. Continuei fazendo as aulas e depois do voo ficava sozinho, no chão, na cabine do avião. Imaginava todas as manobras, usava os comandos. Fechava os olhos e decorava a posição de tudo lá dentro até me familiarizar com o painel. Com pouco treino tudo passou a ser familiar e podia me concentrar mais no voo do que nos instrumentos. Graças ao treino no solo consegui o brevê com menos horas do que outros alunos que só treinavam no ar. Só perdi para um tal de Santos Dumont.

- Para fazer uma boa apresentação e não se arrepender de ter perdido uma oportunidade profissional ou pessoal, treine. Faça analogia com a aprendizagem para tirar a carteira de motorista.
- Use e abuse do espelho do quarto e faça a apresentação da palestra para ele. Ninguém vai reclamar ou quebrar por causa disso.
- Se você depende de algum equipamento de apoio, como um *datashow*, faça o exercício na sala de reunião. Exiba os tópicos do tema e fale sobre eles em voz alta.
- Uma palestra importante, em um auditório desconhecido, vale um esforço maior. Antes da apresentação, vá até o local e faça uma apresentação para as poltronas vazias. Familiarize-se com a tribuna, com o microfone e ande pelo palco de um lado para outro. Sente-se na mesa da apresentação e imagine (como no avião) o público todo lá na frente. Olhe para eles nos olhos. Fique de pé. Fale alto. Teste todos os gestos. Imite os personagens do cinema que você mais gosta. Vá em frente. Só tranque a porta, pois se alguém vir é capaz de chamar o doutor Freud.
- Antes de virar o famoso apresentador e dizer "desculpem a nossa falha", dê uma lida a mais nas anotações do tema. Vai melhorar a apresentação.
- No caso de uma palestra lida, mude a metodologia: treine. E treine. Não vá achando que porque está escrito, você já faturou a plateia. Ledo engano. Leia umas três ou quatro vezes. A primeira bem lenta. Marque o tempo. A segunda bem rápida. Marque o tempo. Tire uma média ponderada. A terceira leia tudo com a voz mais grave que puder. Depois tudo de novo imitando o cantor castrati. E... *surprise*! Uma última usando o meio termo de tudo: tempo certo, entonação certa, pausas certas, tudo certo... Tudo pronto para a apresentação final.
- Se você quiser um método de aprendizagem, leia o que Goleman sugere:
- *Experiência concreta*: ter uma experiência que lhe permita ver e sentir como é a coisa.
- *Reflexão*: pensar sobre suas próprias experiências e as de terceiros.
- *Constituição de modelos*: elaborar uma teoria que dê sentido ao que é observado.

- *Aprendizagem por tentativa e erro*: tentar fazer algo por meio da experimentação ativa de uma nova abordagem. Você pode escolher um, dois, ou a combinação dos quatro métodos. Escolha!
- Para se alcançar uma boa performance é preciso ter um monte de qualidades. Que tal vigor, autoconfiança, iniciativa, dedicação e... impulso de superação das nossas fraquezas?
- O balanço sobre o desempenho como palestrante precisa ser constante. Ninguém chega ao auge, apenas para de crescer. Recusar-se a aprender é ficar para trás; portanto, antes de se julgar o máximo, faça um balanço crítico de como está se saindo nas apresentações. Assim é preciso cultivar sempre a franqueza e entender que tem que treinar, ouvir críticas e ser receptivo ao *feedback*. Eu sei que não é fácil, também levei algum tempo para aprender. Treine. Treine ser aberto e receptivo. Treine ouvir críticas. Treine controlar suas emoções. Treine e depois treine de novo.
- É possível canalizar de forma proveitosa os impulsos e emoções. Sem treino, elas são elementos desestabilizadores de qualquer objetivo que se tenha pela frente. Lembre-se daquele grande cirurgião que, quando estudante de medicina, desmaiava toda vez que via sangue.
- É preciso assumir abertamente as falhas e erros nas palestras, ainda que nosso orgulho tente resistir. Parafraseando o ditado árabe: "Escreva na areia os elogios que fizeram à sua palestra, e escreva na pedra as críticas recebidas".
- Aprenda que uma apresentação ou palestra ruim é o prenúncio de uma melhor. Ir mal é uma excelente oportunidade de colecionar os erros e acabar com eles. Basta identificá-los e digeri-los.
- Além de tudo o que vai precisar para uma boa palestra, não esqueça o fio condutor. Ele é essencial para amarrar o começo, o meio e o fim de sua apresentação. Sem ele, você corre o risco de virar o 12 raiz quadrada de 144, ou seja, o palestrante foge do fio condutor, enche sua apresentação dos apostos, e de detalhes irrelevantes para o tema proposto. Esse é o caminho mais longo e torturante para quem tiver que ouvi-lo. Muitos vão dormir. Você vai acordá-los?
- Há ocasiões em que não há tempo determinado para a apresentação. Neste caso, procure ser breve, vá sentindo o interesse do

auditório. Se for possível, estenda-se um pouco mais. Se for desfavorável, encerre e espere por uma nova oportunidade.

- Pessoalmente, não conto piadas nas minhas palestras. Há quem faça isso muito bem. Eu prefiro usar fatos bem-humorados, exemplos, ou jogar com as palavras. Todavia, o que deve atrair a atenção da plateia é o conteúdo e a importância do que você vai dizer, e não as piadas.
- Por favor, não comece sua fala com: *bem, bom, como eu ia dizendo, aí então, well*...Vá direto ao fígado do tema proposto e mostre o que os jornalistas chamam de gancho.
- Lembre-se de que chavões e frases de efeito se gastam com o tempo, ficam desatualizados e perdem a graça. Avalie bem antes de usá-los.
- Cuidado com o uso de palavras, frases ou citações em línguas estrangeiras. Na dúvida, se for impositivo o uso, traduza-as. Corretamente, é claro, senão vai se desmoralizar. "Allea jacta est" não é "olha o jacaré". Pergunte a Júlio César, aquele da coroa de louros na cabeça.
- Essa história de "discursão" já era. Deixe isso para os saudosos de GetúlioVargas, Jânio Quadros, Magalhães Pinto, Tancredo Neves, Mário Covas, Bolsonaro... ops esse não, etc. Prefira o tom coloquial, espontâneo, o papo.
- Não custa lembrar, mais uma vez, que para ser bem-sucedido nas apresentações é preciso aceitar críticas. Ser criticado faz parte do sucesso. Há um escritor famoso, cujos livros venderam milhões de exemplares, que é um exemplo disso.
- Um lembrete final: dicção é a qualidade da voz falada.

Use humor sempre que possível
Selecione os alvos certos
Defina o ritmo da apresentação
Pratique o tema sempre
Treine mentalmente o tema proposto
Não se consegue expor tudo o que se sabe
Só aceita falar se tem pleno conhecimento do tema
Chegue sempre com antecedência
Avalie o local, público, auditório, equipamento
Procure se concentrar antes de começar a palestra

Afinal, você sabe o que vai dizer?

"Não vim para explicar, vim para confundir."
Mark Twain

"Os mares bravios revelam os grandes capitães."
P. Kotler

"Qualquer imbecil pode constituir um negócio,
Mas só a genealisade, a fé e a perseverança controem marcas."
D. Ogilvy

Se você acha que é bom de improviso e não precisa se preparar para falar em público, vá-se preparando para surpresas nem sempre agradáveis. Talvez na hora H desça o espírito do Rui Barbosa, do Carlos Lacerda ou do Chacrinha e tudo acabe bem. Ponha na cabeça de uma vez por todas que os melhores oradores que você já viu não falam de improviso. Eles levam anotações, eletrônicas ou escritas, ou já deram aquela palestra tantas vezes que sabem tudo de cor. Certa vez, encontrei em uma palestra para reitores um intelectual e perguntei a ele se queria dividir o tema proposto comigo. Ele me respondeu que não, que quando o convidavam para falar, ele mudava a introdução e sempre fazia a mesma palestra. Achei que era brincadeira. Não era. Ele tocou de leve no tema sugerido e logo depois disse uma porção de coisas totalmente distantes do assunto, citou uma dúzia de poetas e pensadores, alguns em francês, e depois de 50 minutos encerrou sua fala. Foi logo depois do almoço. Metade da plateia dormiu e ele sorriu satisfeito por ter alcançado seu objetivo.

Líderes eficazes usam suas emoções para liderar a energia dos outros, diz o inspirador deste livro, Daniel Goleman. Para isso, é preciso que primeiro a gente conheça as nossas próprias emoções, que façamos um mergulho cujo receituário vai de Sócrates ao Buda, aos consultores da atualidade corporativa.

A liderança está em toda parte e não apenas nas salas de alto comando, no gabinete presidencial ou no escritório de um CEO. Está em ações do cotidiano, no dia a dia das pessoas. É, pois, um exercício perene à arte de conquistar emoções, mentes e almas. A busca por líderes autênticos é cada vez maior, uma vez que é incentivada pelo mundo corporativo globalizado. A adoção de esquemas horizontais de hierarquia substitui o velho padrão taylorista do "faça o que eu digo". Para um novo modelo é preciso convencer os liderados, é preciso a ação do líder.

Há situações em que o improviso é inevitável. Fui convidado para entregar o prêmio Ayrton Senna de jornalismo para um colega da Bandeirantes, no Teatro Alpha Real. O teatro estava superlotado de colegas aguardando a divulgação, nome a nome. Fiz a entrega e sentei-me na plateia aliviado e apreciando os números artísticos que iam sendo apresentados. No final da cerimônia, a presidente do Instituto Ayrton Senna, Viviane Senna, se aproximou do microfone para anunciar o ganhador do Grande Prêmio de Jornalismo.Tive a impressão de que ela tinha dito meu nome. Fiquei uns instantes em dúvida. Alguém bateu nas minhas costas e naquele momento me dei conta de que era comigo. Meu coração foi a milhão, minhas pernas tremeram e amoleceram tanto quanto no dia que fiz meu primeiro voo solo e consegui pôr os pés no chão no aeroporto de Jundiaí, em São Paulo. Fiquei de pé e saí caminhando por uma rampa em direção a Viviane, que me aguardava no palco. O teatro estava lotado, muitas palmas, uma longa rampa pela frente, e eu fui pensando no que dizer para aquele povo. Fui pego totalmente de surpresa, e tive que falar de improviso. Para minha sorte, quando ela me deu a cópia do capacete amarelo do Ayrton, símbolo do prêmio, veio-me a mente uma fábula budista que contava a história de um soldado acusado de ser covarde porque fugia das batalhas. Era uma história do elmo, do capacete do guerreiro. Fiz um paralelo entre uma coisa e outra e consegui sobreviver à emoção do prêmio e de ter que falar de improviso para uma plateia de colegas jornalistas.

Ninguém nasce um bom comunicador, orador ou apresentador. Todo mundo aprende ao longo da vida. Uns, que têm mais oportunidade de praticar, aprendem mais depressa, outros, por falta de oportunidade, levam mais tempo. Não se apresse. Todo mundo pode aprender a falar em público a seu tempo, e isso varia de pessoa para pessoa. Não vá elegendo seu ídolo porque, certamente, ele também levou algum tempo para chegar lá. Estou fazendo essa afirmação por experiência pessoal, e porque me lembro de uma frase do filósofo Voltaire que dizia que aprender várias línguas é questão de um ou dois anos, ser eloquente na sua própria língua exige a metade de uma vida.

- Cuidado com os jargões. Eles são um empecilho para uma boa apresentação. Segundo o dicionário Aurélio, jargão é linguagem ininteligível ou sem sentido. É uma fraseologia peculiar a qualquer classe, profissão etc. Portanto, *mano*, deixe o jargão de lado e procure as palavras que todos entendam. Mesmo quando você vai fazer uma apresentação para pessoas da sua atividade, é bom não exagerar sob pena de algumas pessoas não entenderem. Em grupos fechados, uma ou outra palavra passa, em auditórios abertos não.
- É comum que, para mostrar erudição ou conhecimento dos últimos avanços tecnológicos em sua área, o palestrante use termos *up to date* para impressionar a plateia e deite e role no palavrório recém-aprendido em algum livro de um guru da moda. Só ele sabe. Em vez de isso provocar empatia e ressonância na comunicação, vai provocar rejeição, e irão chamá-lo, no mínimo, de arrogante. Portanto, cuidado com o *share of mind, cash flow, downsizing* e outras novidades do mundo corporativo.
- Lembre-se de que não basta aprender a falar em público, é preciso saber o que dizer. A verborragia não é um bom caminho para a comunicação. Há pessoas que são capazes de falar horas e horas e não dizer nada. Esse recurso chegou a ser exageradamente usado nos parlamentos brasileiros. São recursos irritantes, enchem o saco e custam caro para o bolso do contribuinte.
- A comunicação só é completa com o retorno, ou seja, quando o estímulo provoca a resposta; portanto, olhe bem para a plateia, se perceber que não está agradando, mude logo o tom ou o assunto. A pior coisa é não ter a atenção das pessoas.

- As emoções podem difundir-se como vírus, mas nem todas são transmitidas com a mesma facilidade. O humor influencia a eficácia do trabalho, estimula a cooperação e o desempenho profissional; por isso tem que estar presente nas suas apresentações. Não pode faltar. Em anos de aulas, palestras e apresentação de noticiários em rádio e tevê, o que mais me marcou foram episódios envolvendo humor. Ele tem a propriedade de fazer fixar nas pessoas o conteúdo que possuem. Em resumo, para se comunicar bem é preciso usar o humor como uma ferramenta indispensável. Goleman diz que nós rimos só de ouvir outras pessoas rirem. Ele chama isso de sequestro emocional positivo.
- O sorriso indica que o espectador é receptivo e não está em uma defensiva hostil. Logo, está dando a você um sinal de que quer ouvir, compartilhar sua informação e tornar-se cúmplice de sua comunicação. É uma forma natural de estabelecer alianças, indica que está tudo bem, que há uma percepção compartilhada do mundo, enfim, que todos estão na mesma sintonia. Isso é um talento a ser desenvolvido por palestrantes. É preciso adquirir a cultura do humor.
- Não se abale se não se sair bem em uma apresentação ou discurso. Isso é normal. Procure anotar e refletir os pontos negativos e consertá-los na próxima participação.
- Não se esqueça de que um discurso tem início, meio e fim. Algumas pessoas precisam praticar e planejar isso para não cair naquelas lenga-lengas intermináveis que aborrecem o auditório. Pratique o encerramento. Prepare uma conclusão. O discurso é o desenvolvimento de uma mensagem. Em dúvida, seja sintético. Em tempo, as ideias que compõem sua apresentação também devem ter começo, meio e fim.
- Nada pior que uma apresentação qualificada de "enrolação". Se não tem o que dizer, é preferível não dizer. Espere outra oportunidade. Não se desgaste inutilmente.
- Não use sua vez de falar para fazer tempestade em copo d'água. Veja o real alcance do que você está falando.
- Perguntas antes, durante ou após sua apresentação? Se o auditório for pequeno, prefiro que façam por partes durante minha apresentação. Elas me ajudam a sentir o interesse do grupo, direcionam o

que vou falar. Se o auditório for grande, deixo para o final, pois para responder uma pergunta, corre-se o risco de permitir que a atenção dos demais se disperse.

- Tenha em mente que a repetição é a mãe do aprendizado. Se a apresentação não foi boa pela primeira vez, aprenda com os erros. Lembre-se do Paulo Vanzolini: "reconhece a queda e não desanima, levanta, sacode a poeira e dá a volta por cima!".
- A primeira impressão é a mais marcante? É, mas ninguém fica estigmatizado se não fizer uma boa palestra. É preciso usar toda a técnica possível para mudar. É trabalhoso, mas é possível.
- Ao se dirigir para a tribuna não ande como se estivesse indo para a guilhotina. Ânimo! Disposição! Sorriso!

Partilhe-se com a plateia
Ria de si mesmo – não se acanhe
Mantenha o ego com rédeas curtas
Use erudição com moderaçao – não seja arrogante
Mostre que se preocupa – que você é humano, falível e vulnerável
Não atrapalhe a sequência do evento
Responda às perguntas pessoais fora do auditório
Ninguém nasce bom orador – treina
Repetir quando for necessário
Não seja chato – fale o necessário

Um pouco de brilho

"Um problema só surge quando estão presentes todas as condições para solucioná-lo."
Karl Marx

"As melhores ideias são propriedade de todos."
Sêneca

"Os relacionamentos determinam o valor Do futuro negócio."
P. Kotler

A vontade verdadeira é que precisamos de ajuda para nos tornarmos líderes mais eficientes. Isso não é demérito para ninguém. O mercado mostra que as organizações precisam cada vez mais de líderes em todos os níveis. A liderança é algo que se faz com outras pessoas, em equipe e em situações como essa, não se pode liderar sempre. Há momentos em que somos líderes e momentos em que somos liderados. Sem essa predisposição não há ambiente organizacional favorável. Assim, é bom relembrar que tudo o que leu até agora não é uma receita para se tornar líder. Ela não existe, por uma série de motivos aqui apontados. Portanto, o que pode funcionar para uma pessoa pode não funcionar para outra, ou seja, não existem características universais de liderança.

Há um grande cardápio de atributos de liderança, mas cada um deve fazer o seu próprio prato, misturando os ingredientes de acordo com suas preferências, necessidades, *background* cultural e emocional. Os elementos da liderança estão à sua disposição, cabe a você escolhê-los.

A apresentação pessoal em uma palestra não é o acessório principal, mas ajuda. Lembro-me de ter apresentado uma palestra do teatrólogo Plínio Marcos, na qual ele estava com a aparência muito descontraída. Calçava sandálias, camisa fora da calça, cabelo despenteado, isso diante de uma plateia de jovens de classe média alta, portadora das mais recentes e transadas grifes. Seu poder de sintonia com a plateia era de tal ordem que, mesmo durante o debate que se seguiu, ou nas conversas no corredor, ninguém estranhou a forma original de ele se vestir. Outro estilo era o do Venâncio, grande compositor nordestino, que se apresentava vestindo um terno surrado de brim e um chapéu puído, e o público não perdia uma só palavra do que ele dizia. Contudo, é bom saber que nem todo mundo tem o dom, como um artista, de emocionar e eletrizar os espectadores. Homens como esses são o que Goleman chama de líderes emocionais, ou seja, fogem do padrão convencional, muitas vezes não ostentam cargos nem títulos universitários e, no entanto, agradam pelo carisma, sinceridade e singeleza com que abordam os assuntos que conhecem profundamente.

O grande talento de um ator é sua capacidade de contaminar emocionalmente a plateia que o acompanha. Observe a facilidade com que ele atrai toda a plateia para a emoção que finge sentir. Qualquer espectador tem a capacidade de identificar as emoções que ele transmite por meio de sua voz, gestos, expressões faciais, enfim, todos os recursos cênicos que nasceram no teatro e se espalharam. Os sentimentos expressos por um palestrante não se aproximam dos de um ator, mas alguns recursos podem ser usados, desde que com bom-senso. Lembro-me da história de um professor de antropologia que, ao falar do massacre dos indígenas na América, chegava às lágrimas. Os alunos ficavam emocionados a tal ponto que não só não se esqueciam do conteúdo, como reproduziam o que ouviram. Contudo, alguns acompanhavam o mestre em outras salas onde ele repetia a aula e novamente chorava em cena aberta. Resultado: em pouco tempo propagou-se uma indignação sobre a atuação dele, e o que era um atrativo tornou-se um fracasso e o mínimo que se dizia nos corredores da universidade era que ele era um charlatão...

- Lembre-se de que você vive a civilização da imagem e em determinados momentos da apresentação é mais visto do que ouvido; por isso é preciso não descuidar da apresentação não verbal representada pela postura, gestos, tiques e intercâmbio visual.
- Se você quiser usar um pouco de arte cênica e se aventurar a ser um ator na palestra, o único papel que vai representar com chances de abafar é ser você mesmo. Ninguém interpreta melhor você do que você mesmo. Não leve a sério elogios de puxa-sacos que dizem que você é melhor do que o Brad Pitt, ou o Leonardo DiCaprio, ou a Kate Winslet, ou a Julia Roberts.Você não é. Limite-se a ser o brilhante palestrante ou apresentador que você é, e chega. Seja você mesmo e não tente ser quem não é.
- Quem é que não gosta de plumas, paetês e elogios? Tenha a vaidade sob controle. Se possível sob sete chaves. Ela é useira e vezeira em estragar apresentações e palestras, porque atrai a antipatia do auditório.
- Aprenda a usar o recurso do olhar para atrair a atenção do público e transmitir o que você está sentindo quando fala do tema. Fixar o olhar nas pessoas ajuda a interação entre o comunicador e a plateia. Não desvie o olhar de determinada pessoa. Vença a oposição dela com o olhar.
- Os olhos exercem um papel de ligação com o ouvinte. No teatro, os atores são treinados para olhar sempre na linha do horizonte, situada mais ou menos lá na metade da plateia. Olhar para baixo ou para cima implica em quebra de continuidade.
- Se a palestra se dá em grandes auditórios, com forte iluminação, como no teatro, quem está no palco não enxerga o público. Há uma escuridão na frente. Algumas pealestrantes preferem esse tipo de local para suas apresentações, uma vez que a sensação de não estar sendo observado e, ao mesmo tempo, de não conseguir ver as pessoas provoca uma desinibição e, consequentemente, a palestra flui melhor.
- Quanto maior for o auditório, maior deve ser sua movimentação. Acostume-se a falar de pé. Use um microfone sem fio, de preferência de lapela. Ande de um lado para o outro e faça gestos maiores e mais lentos. Isso ajuda a prender a atenção do auditório.

- Há quem goste de falar sentado, no meio da mesa, ao lado do apresentador. Para alguns isso significa aumento de confiança, visto que o texto está na mesa e ela funciona como uma trincheira de onde você dispara sua sabedoria. Sugiro que sempre que possível saia de trás da mesa e aproxime-se do povo. Essa intimidade também ajuda na comunicação.
- Deixe o semblante carregado para o dia em que seu time for derrotado de goleada pelo lanterninha do campeonato.
- Você se lembra daquelas duas máscaras que todo teatro tem pendurado em algum lugar, uma com a boca desenhada para cima e outra com a boca desenhada para baixo? O que elas dizem para você? Elas representam, respectivamente, a comédia e o drama. São as mesmas máscaras. A simples troca do desenho nos leva de um extremo a outro. Em outras palavras, use sempre o sorriso no rosto. Treine sorrir na frente do espelho. Tem coisa que a gente pensa que já nasce sabendo e por isso não admite que alguém nos ensine. Entre elas está o respirar, o comer e o sorrir. Você vai dizer que se não soubesse respirar e comer já teria morrido, mais ou menos parafraseando Descartes: "*respiro, logo existo*". Não é bem assim. Há como aprimorar a respiração, o hábito alimentar e o sorriso. Não discuta. Treine o sorriso no espelho. Treine a expressão facial no espelho. Avise o pessoal de casa para não se assustar com seus exercícios. Está tudo bem, você ainda não enlouqueceu. Insisto. Treine sorrir.
- Ainda em relação aos gestos, eles sempre precedem ou ocorrem simultaneamente ao que se está falando, nunca depois. Já fazemos isso no dia a dia, mas, às vezes, desestabilizados emocionalmente, mudamos uma coisa que sabemos fazer bem. Preste atenção nisso.
- Cuidado com o dedo em riste. Ele dá um tom ameaçador, pode atrair a antipatia da plateia e prejudicar a comunicação. É melhor não usar esse tipo de gesticulação. Deixe isso para os apresentadores dos programas policiais da tevê no final da tarde.
- Cuidado para, inconscientemente, não ficar passando a língua no lábio para molhá-lo. Isso passa a sensação de nervosismo. Policie-se.
- Entrelaçar as mãos passa a ideia de aliança, parceria, congraçamento. É um gesto simpático.

- Nunca desvie o olhar da plateia. Treine passar os olhos nos olhos de todos se for um grupo pequeno. Se for um grupo maior, faça como a defesa do "Timão", olhe por zona. Eu explico: divida a plateia em cinco partes, esquerda, direita, frente, fundo e meio. Assim, você deve percorrer com os olhos cada um dos quadrados e, se possível, direcionar os gestos para eles. Quem tiver do outro lado vai ter a sensação de que você está mais próximo, falando com ele.
- Nunca desvie o olhar de um espectador, nem olhe para baixo e para cima. Fé em Deus e pé na tábua, como dizia o velho Adhemar.
- Se você ainda não se convenceu da importância da aparência pessoal, vou repetir, e acha que isso é tertúlia flácida para embalar bovino, escute, ou melhor, leia isto: "Segundo Mehrabian, numa relação interpessoal, o poder da palavra é de 7%; 38% dependem do tom de voz e 55% dependem da expressão corporal, postura, gestos, cacoetes, movimentos dos olhos etc." Isso explica porque qualquer comunicador deve ter uma presença saudável, transparecer segurança e firmeza na fala e nos gestos. Convenceu-se?
- Os atores sabem como prender a atenção do distinto público, desde a Idade Média. Por falar em média, ela indica que em um grupo de 100 pessoas, 40 se ligam no que está sendo apresentado pela audição, outras 40 pelo visual e as demais pelo movimento corporal. Se você quer ter 100 por cento de aproveitamento, o que vai fazer? Eu respondo, afinal você comprou o livro para isso. É fundamental usar tudo o que atinja os três sistemas preferenciais. Portanto, não se acanhe em usar o recurso eletrônico, que está explicado mais adiante. Já está incluído no preço.
- Se você se acha o máximo, a última Coca-Cola do deserto, contrate um advogado do diabo. Sabe, aquela pessoa que fala aquilo que não gostamos de ouvir, mas que, quando colocamos a cabeça no travesseiro, concluímos que ela está certa. Geralmente os honorários dela são baixíssimos, pois ninguém as quer por perto. Claro que não se confundem com o Hardy do desenho animado, cujo bordão era: "Oh vida, isto não vai dar certo".
- A vida nos ensina que só os amigos apontam nossos erros, insisto. Os outros bajulam ou porque não querem contribuir para o aprimoramento ou simplesmente porque esperam nosso fracasso. Não

titubeie em pedir aos amigos da plateia para apontar o que não gostaram. Peça para deixarem o elogio de lado. Se a apresentação for sua, você vai ler no semblante dos ouvintes.

- Vou reforçar a questão dos gestos que, embora sejam necessários, não precisam ser dramáticos nem ridículos. Deixe suas mãos e corpo falarem espontaneamente. Solte o corpo, fique relaxado; todo mundo vai gostar.
- Antes de subir para falar, encha o peito de ar e expulse-o com força. Faça isso duas ou três vezes. Assopre fora todas as preocupações e outros pensamentos que não sejam os relativos à sua apresentação.
- Em situações de forte emoção, tenha mais cuidado; não é necessário exagerar os sentimentos de alegria ou tristeza. Cuidado para não trocar uma coisa pela outra. Converse antes com as pessoas da plateia, tente entender o que elas estão sentindo. Isso ajuda a calibrar o tom da apresentação.
- Lembre-se de que uma coisa é falar para a diretoria de sua empresa, na sala de reuniões e com pouca gente. Outra, é falar no pátio da empresa, diante de cem pessoas ou mais.

Aprenda a distribuir lugares e saiba o t* Avalie o tamanho do local da palestra

Treine olhar para todos os quadrantes da sala

Verifique a ordem de apresentação e sua posição

Evite todas as barreiras: pódios, plataformas altas etc

Verifique luz e som estão confortáveis

Peça uma temperatura confortável

Iluminação – verifique se pode ler apontamentos

Saiba contatar pessoas para emergências

Tenha o celular dos promotores do evento

Evite distrações – janelas, paredes decorativas etc

Os anteriormente

"Não há nada que esteja tão bom que não possa ser melhorado,
e nada que esteja tão ruim que não possa ser piorado."

"Os homens de poucas palavras são os melhores."
William Shakespeare

"Ouve e aprende
Mais do que fala e ensina."
P. Kotler

Antes de exercer qualquer tipo de liderança é preciso acumular credibilidade. Ela precede qualquer outra ação. É preciso veicular mensagens corretas, verdadeiras, e não esquecer nunca que, de forma geral, os seres humanos têm a capacidade de reconhecer instintivamente o comportamento quando ele não é autêntico.

Assim, ninguém lidera no melhor estilo Bill Gates, senão o próprio Bill Gates. Ou no estilo Lula, senão o Luís Inácio, e por aí vai. Portanto, exemplos servem de inspiração, de começo, mas não para serem imitados para sempre.

Os pesquisadores G. Jones e R. Goffer, citados nas referências, sugerem que a descoberta do próprio estilo de liderança está associado a conseguir um *feedback* honesto, explorar a biografia, voltar às raízes e ir à procura de um local que não seja nem a própria casa nem o trabalho, para se desenvolver.

Todos os que pretendem se tornar líderes precisam entender que a liderança é um jogo perigoso, uma vez que desequilibra o ambiente e geralmente conduz o grupo, a organização, para a zona de desconforto. Liderar está, geralmente, associado a mudança, dinamismo, construção de uma nova realidade ou até mesmo um paradigma.

É preciso preparar sempre uma apresentação ou palestra. Pessoas experientes e famosas já passaram por situações constrangedoras porque confiaram demais no improviso ou simplesmente acharam que seria apenas mais um trabalho tantas e tantas vezes apresentado. Não confie nisso. Um fracasso por falta de preparação pode arranhar sua credibilidade e, como você bem sabe, isso é algo fácil de perder e difícil de conseguir.

- Procure chegar pelo menos meia hora antes no local onde você vai falar. Não confie no trânsito nem no elevador. Leve por escrito o endereço e o telefone celular do organizador do evento. Em caso de dúvida ou dificuldades, não hesite, ligue e peça ajuda. Não confie na memória para endereços, leve sempre por escrito.
- Se for uma apresentação na própria empresa, chegue uns dez minutos antes, mesmo que seja em uma sala que você está acostumado a falar.
- Sente-se, descanse, respire, tome uma água e converse calmamente com os organizadores ou os colegas de reunião. Não antecipe o que você vai falar, nem entre em polêmicas desnecessárias antes da hora. Não se exalte, nem contribua para que o nervosismo, algo natural nesses momentos, vá além do limite do razoável. Se possível, fique alguns momentos em um canto e releia cuidadosamente os apontamentos ou o material de apoio que vai usar na sua fala.
- Aproveite bem os momentos anteriores para respirar profunda e pausadamente, se possível exercitando o diafragma, e deixe sua mente se concentrar no assunto em pauta. Pense só nisso, deixe outras preocupações de lado, para que não atrapalhem sua performance.
- É natural que todo mundo tenha dificuldades com a postura diante de um grupo, particularmente um auditório grande. Por isso, o reconhecimento do local com antecedência ajuda a se acalmar. Se for um evento muito importante, vá lá um dia antes e faça uma apresentação apenas para as cadeiras vazias. Você não vai se arrepender de gastar um pouco mais de tempo para a preparação.

- É preciso mostrar coragem e convicção sobre o que você vai falar. Mostrar-se fragilizado e sem condições de comunicar faz com que a plateia perca a confiança no que você vai dizer, mesmo que você seja o maior especialista no assunto. Não basta saber. É preciso passar ao auditório a sensação de que você sabe.
- Lembre-se de que só se aceita falar sobre o que se conhece em profundidade. Se não souber o suficiente, ou estiver inseguro quanto ao tema, não aceite. Seja sincero. Não invente desculpas. Lembro-me de um professor de latim que preparava apenas uma aula por semana. Certa vez, foi surpreendido com o pedido da direção da faculdade para que desse uma aula extra na mesma classe, porque outro professor faltara. Ele não sabia o texto seguinte. Depois de alguns minutos em sala, começou a dizer aos alunos que não estava enxergando e pediu ajuda. Saiu da classe amparado em direção à sala dos professores simulando estar momentaneamente cego...
- Jamais inicie uma palestra sem prepará-la antes – mesmo que seja uma palestra que você já proferiu muitas vezes. Sempre dê uma olhada nos apontamentos e veja no que ela pode ser melhorada. Veja os exemplos e não titubeie em mudar o material de apoio audiovisual, se necessário. É melhor trabalhar um pouco mais, mas contar com um material de qualidade para a apresentação. Deixe a preguiça de lado.
- Nunca chegue atrasado para uma apresentação. É uma falta de respeito com o público e não há o que justifique. Se isso ocorrer peça desculpas de fininho e comece imediatamente sua apresentação. Não abuse da paciência de quem está lá para ouvi-lo. Só artista chega atrasado e ainda é aplaudido. Conta-se que certa vez Vinícius de Morais chegou meia hora atrasado para um show com Toquinho e Maria Creuza. Ele estava embriagado e tentou contar uma história sem pé nem cabeça. Enquanto ele falava, o auditório permanecia frio, mudo e aparentemente entediado. A certa altura, Vinicius gritou no microfone: "Quero que a tradicional família mineira vá para puta que o pariu!!!". Saiu carregado pela plateia do teatro.
- Chegar atrasado ajuda a desestabilizar emocionalmente o palestrante. Ajuda a dar tudo errado. O microfone distorce sua voz, o material audiovisual não está no ponto, e as palavras parecem não obedecer à ordem que queremos dar a elas.

- É preferível chegar bem antes, conversar com as pessoas que organizaram o evento. Tomar um cafezinho quebra o gelo e ajuda a deixar todo mundo mais relaxado para o evento.
- Tente se instalar o mais breve possível no local de onde vai falar. Não se constranja em ficar na frente da plateia. Quanto mais cedo isso acontecer, mais à vontade você vai ficar.
- Assim que chegar e conversar com os organizadores, vire um piloto de avião e faça um check list: pergunte se seu material de exposição está em ordem, quanto tempo você tem para falar, onde vai sentar, qual sua vez na ordem de apresentação etc.
- Dedique alguns minutos para repassar o nome das pessoas que estarão na mesa do evento e outros detalhes que você vai ter que dizer na abertura da palestra.
- Seja humilde. Pergunte, mais uma vez, aos organizadores como querem que você proceda. Diga que está à disposição do evento para fazer a melhor apresentação possível, e por isso está aberto a receber toda recomendação que puder ajudar. Às vezes os organizadores se constrangem em dar dicas por temer melindrar o palestrante. Deixe-os à vontade. Quanto mais dicas lhe derem, melhor para você.
- Se seu trabalho no evento é mediar um debate, peça para a organização da mesa passar todas as instruções sobre o andamento dele a fim de que você possa conduzi-lo da melhor forma possível. Aproveite os intervalos para conversar com os organizadores e pedir sugestões.
- Envie com antecedência seu currículo para ser apresentado pelo mestre de cerimônias, mediador ou apresentador do evento. Faça um currículo curto. Deixe de lado a arrogância, se por acaso ela o atentar. Se seu histórico for muito grande, selecione o que for mais importante para aquele tipo de evento. Deixe de lado cursos e aperfeiçoamentos que são de menor importância, eles não dão mais credibilidade. Vire jornalista nessa hora, edite seu currículo.
- Todo mundo tem mais ou menos inibição. Inclusive você. O medo de esquecer, errar ou de não agradar é o mesmo para todo mundo. Se outras pessoas conseguem controlá-lo, por que não você? Não se subestime. Se o escolheram para falar é porque você é bom nisso.

- Cuidado com o açodamento, não confunda o temor de se expor com conversas inúteis que podem pôr a perder uma boa tese. Morda a língua. Não permita que ela se manifeste sem autorização do bom-senso.
- Não se faça passar por aquilo que não é. Nem na divulgação do seu currículo, nem no tema que vai falar. Faça uma autocrítica e avalie se tem mesmo conhecimento sobre o tema proposto. Não se arrisque em assumir o compromisso de falar sobre o que não conhece com razoável profundidade.
- Algumas pessoas acham que podem agradar a todos com o que vão dizer. Pura ilusão. Por isso não se abale se alguns não gostarem do que disser. É normal.
- É preciso acreditar fielmente no que se está dizendo. Sem isso, dificilmente alguém consegue a atenção e a recepção da plateia.
- Para aprender a falar, são muito úteis as etapas resumidas por Goleman e seus amigos:
  - *Primeira descoberta*: Meu eu ideal – Quem quero ser?
  - *Segunda descoberta*: Meu eu real – Quem sou? Quais são minhas qualidades e meus defeitos?
  - *Terceira descoberta*: Meu projeto de aprendizagem – Como posso reforçar minhas virtudes e reduzir minhas falhas?
  - *Quarta descoberta*: Experimentar e praticar novos comportamentos, ideias e sensações até dominá-los.
  - *Quinta descoberta*: Desenvolver relacionamentos de confiança e apoio que possibilitem a mudança.
- Deixe tudo o que precisar na apresentação ao alcance da mão. Organize-se de forma que você não se perca quando precisar de uma anotação que ilustre sua palestra. Teste o equipamento usado para a exibição do audiovisual ou verifique se alguém da organização vai ajudá-lo. Confira tudo antes!
- Mais uma vez: existe hierarquia em todo lugar, até na sua empresa, por mais democrático que seja o método de gestão. Por isso é preciso avaliar a ordem de apresentação das pessoas e para quem se vai falar.
- A boa palestra começa com o controle do tempo que lhe foi destinado. Só excepcionalmente se estoura o tempo. Administre o

fluxo de ideias. É preferível terminar antes, e dar mais tempo para o debate, do que ir além do que foi planejado.

- Uma palestra começa quando você chega no local da apresentação. Fazem parte dele a recepção, o cumprimento às pessoas, o café de boas-vindas etc., e só termina na hora em que você deixar o prédio. Tudo o que você disser antes ou depois de sua apresentação vai ser creditado ou debitado a você.
- Faltar em uma palestra, jamais. Se houver acontecido algo muito grave, ligue imediatamente avisando os organizadores. Se estiver doente, e isso for influenciar sua perfomance, não vá.
- Paciência e persistência são dois atributos que se deve aprimorar para ser um bom palestrante. Garra quer dizer treinar, treinar, treinar até dar certo. Se você faz as coisas sempre do mesmo jeito, não treina, os resultados serão os mesmos e tendem à mediocridade. Use e abuse da observação, ela aumenta a inteligência interpessoal.
- Se você for falar sentado, não esconda o rosto atrás do microfone. Eu prefiro falar de pé. Mesmo o Jornal da CBN, que tem três horas e meia de duração, eu fazia de pé. Não sentava. Era melhor para falar, por isso usava um *headphone*.

Comece com energia
Avalie se vale a pena usar o pódio
Reaja ment
Se possível ande por todo o tablado
Prefira microfone de lapela
Use as mãos livremente – faça gestos
Os mais experientes se aproximam do público
Seja sincero
Seja entusiástico
Mantenha boa postura o tempo todo
Não se encolha na cadeira ou poltrona no palco
Seja capaz de lidar com surpresas
Não baixe a guarda nunca

As mancadas que derrubam grandes líderes palestrantes

"Palavras rebuscadas e roupas insinuantes raramente são associadas à virtude de verdade."
Confúcio

"Se o ritmo da mudança externa excede o ritmo da mudança interna, o fim está próximo."
Jack Welch

"Quando se mira a média erra-se o tiro."
P. Kotler

Acho que estamos de acordo que liderar significa exercer influência sobre a sua própria vida e das pessoas que estão ao seu redor. Há a possibilidade de construir sua liderança se você entender que ela se situa no campo das ciências humanas e, portanto, não podem ser repetidas em um laboratório como uma experiência química. Ações humanas, no presente ou no passado, não se repetem, por mais semelhantes que pareçam. Imagine reconstruir passo a passo o discurso de Marco Antonio sobre o cadáver de César. Nem mesmo o genial Shakespeare conseguiria reconstruir a cena. Os fatos históricos, por serem humanos, não se repetem.

Diante da imponderabilidade da liderança e do seu equilíbrio instável e dinâmico o líder, ao se dirigir ao seu público, deve tomar cuidado com sua apresentação.

É muito mais fácil dizer o que derruba o palestrante do que o que pode ajudá-lo. Há também recomendações esdrúxulas, desculpe o termo que só escrevo e jamais ousaria usá-lo em uma das minhas palestras. Por exemplo, a escolha do maior orador de todos os tempos como Demóstenes. Ele é considerado o *must* do blablablá, mas nunca houve uma eleição para que se escolhesse livremente. Os fãs de Demóstenes dizem que ele era gago e aprendeu a falar colocando pedrinhas na boca e tentando encobrir o barulho do mar com sua voz. Era uma espécie de Pavarotti ateniense. Eu também tenho o meu preferido, para mim o melhor orador é o Silvio Santos. Consegue segurar um programa de tevê de várias horas, não usa *script*, tem o domínio total do auditório e um improviso que faz inveja a qualquer um. E não é um chato de galocha, o ibope que o diga. O apresentador/empresário – ou será o contrário? – é capaz de prender a atenção dos telespectadores com poucos recursos cênicos ou audiovisuais.Você também pode eleger seu preferido; uma vez que a lista é imensa e não caberia neste livro; em todo caso há Rui Barbosa, Padre Vieira, Carlos Lacerda, Getúlio Vargas, Marco Antônio... Desculpe-me, Marco Antônio é o personagem do texto de William Shakespeare, *Júlio César*. É o elogio fúnebre de César onde Marco Antônio denuncia Brutus como o articulador do assassinato dele. É dele a frase "*But Brutus is an honorable man*".

Ainda no capítulo de cascas de banana para derrubar gerentes que fazem apresentação, abro o Aurélio e encontro a palavra TAUTOLOGIA. Levo um susto. Ele explica que tautologia é o vício de linguagem que consiste em dizer por formas diversas a mesma coisa. Há lá outras definições. Fiquei nessa porque só entendi bem quando encontrei dois exemplos clássicos: *subir para cima ou descer para baixo.*

Você vai dizer que nunca deu uma mancada dessas em suas palestras nem em apresentações para seus fiéis clientes comerciais? Acredito; contudo, veja se você já disparou uma das pérolas a seguir:

a razão é por que
a seu crédito pessoal
abertura inaugural
acabamento final
amanhecer o dia
anexo junto a carta
certeza absoluta
como prêmio extra
comparecer em pessoa
continuar a permanecer
conviver junto
criação nova
de sua livre escolha
demasiadamente excessivo
detalhes minuciosos
elo de ligação
em duas metades iguais
empréstimo temporário
encarar de frente
escolha opcional
exceder em muito
expressamente proibido
fato real
governador do estado
gritar bem alto
há anos atrás
juntamente com
multidão de pessoas
nos dias 1, 2 e 3, inclusive
outra alternativa
planejar antecipadamente
possivelmente poderá ocorrer
propriedade característica
quantia exata
retomar de novo
sintomas indicativos
superávit positivo
surpresa inesperada
todos foram unânimes
última versão definitiva
vereador da cidade

A lista é muito grande e confesso que já cometi muitas dessas barbaridades em palestras, ou ao improvisar em programas nas midias. Com a interação on-line, via internet, não se trabalha mais em meio eletrônico sem ter o Outlook aberto na sua frente, muita gente já mandou e-mail me corrigindo de alguma mancada com o programa no ar. Ou um zap zap...

Eis aqui uma pequena coleção de palavras da moda do mundo corporativo ouvidas em uma reunião de gerentes e que exemplificam o abuso de termos importados: "As lojas do *shopping* já estão fazendo grande *sale*, algumas promovendo *50% off*. Isso provocou uma disputa no *trade* de calçados, e um publicitário apresentou imediatamente ao cliente um *story board* com o resumo da campanha".

Outras pérolas são: *cash flow, ratting point, recall, target, head lines, CEO, CIO, chairman, manager* etc. etc. etc.

- Não se esqueça de que vivemos na era da informação, do capitalismo informacional, e por isso a comunicação assumiu uma importância política, econômica e empresarial sem paralelo na história. É preciso saber comunicar eficaz e eficientemente as informações: essencial, pessoal e corporativamente.
- A boa comunicação está apoiada tanto no conhecimento quanto na imaginação. Sem esta última, o resultado é medíocre. Portanto, é necessário permitir que a imaginação busque os conteúdos e formas para uma boa comunicação.

Sorria sinceramente
Aja com confiança e determinação
Com ou sem paletó e gravata???
Use contato visual com todos os setores da plateia
Mantenha postura firme e segura sempre
Use movimentação suficiente para manter o
Use gestos vigorosos e apropriados ao tema
Faça gestos relaxados e confortáveis
Tenha gestos provenientes dos ombros, não dos cotovelos
Dê um objetivo a seus movimentos
Cuidado com os erros de pronúncia... e gramática

Equipamento de sobrevivência da liderança

"A essência da função de um líder é a atenção aos detalhes e a "monitoração dos resultados."
K. Blanchard

"A verdadeira criatividade não está em aceitar ideias novas, mas em escapar das ideias antigas."
John Maynard Keynes

"A mudança, não a estabilidade, é a única constante.
P. Kotler

A liderança precisa ser praticada sempre, sob o risco de se colocar em dissintonia com os liderados. Não é uma obsessão, é com o fazer exercícios físicos, regulares, moderados, mas constantes sob o risco de ver aumentar a barriga e perder a agilidade.

Como vimos, a liderança é o seu principal atributo. O carisma não é um dom misterioso e de acesso apenas a alguns iniciados de alguma seita secreta. Todos os seres humanos podem de fato exercer influência sobre o que se passa ao redor. A diferença é que uns estão motivados para exercer liderança, outros não. É uma questão de livre-arbítrio de cada um e nem por isso algumas pessoas valem mais do que outras.

Para apresentar suas ideias, os líderes têm à sua disposição um verdadeiro arsenal tecnológico.

Vivemos a era das tecnologias informáticas, eletrônicas e cibernéticas. Essa trinca faz uma marcação cerrada em tudo o que envolve nosso milênio e não dá folga para nenhuma jogada na pequena área. Faz marcação homem a homem. Só dá da medalhinha para cima, como a zaga escolhida pelo Felipão para segurar os adversários na Copa. Mas, como dizia o sábio filósofo futebolístico Vicente Matheus, "este caso é um caso, aquele outro é outro caso"; ou, parodiando o comentarista esportivo da Rádio Caramelo de Taiaçupeba, "palestra é sempre uma caixinha de surpresa". Certa vez, fui a uma convenção do PDT, em Nilópolis, na Baixada Fluminense, organizada em um ginásio de esportes. A reunião começou por volta das nove da manhã, e lá estavam mais de mil pessoas. Na mesa central, encontravam-se os caciques políticos, não entenda isso como uma crítica, uma vez que o índio Juruna, então deputado federal pelo PDT, também participava do encontro. A plateia era heterogênea. Vários oradores falaram, entre eles, Darcy Ribeiro, Agnaldo Timóteo, Juruna, deputados federais, estaduais e líderes comunitários. Lá pelas duas da tarde, todo mundo cansado, muito calor debaixo do telhado de amianto, o burburinho aumentou. Tive a impressão de que todo mundo queria encerrar o encontro político e voltar para casa. O último orador foi chamado pelo mestre de cerimônias, e quase ninguém ouviu quando este disse: "Com a palavra o presidente nacional do PDT, Leonel Brizola". Seguiram-se palmas e gritos. Brizola, sentado no meio da mesa sobre o palco, sem nenhum recurso a não ser o microfone de pedestal na frente dele, iniciou sua comunicação. Silêncio total. Brizola falou 50 minutos sem parar e sem ser interrompido a não ser por palmas uma vez ou outra. Só a voz do velho líder trabalhista mantinha aquele povaréu quieto e prestando atenção no que dizia, enquanto ele usava e abusava das pausas no meio de pensamentos, fazendo suspense na conclusão das frases. Terminou o discurso sob aplausos de uma plateia muito mais suada e molhada. Brizola sozinho tinha toda a audiência em suas mãos e, simultaneamente, deu um show e seu recado político.

Agora o outro lado. As luzes se apagaram no belíssimo auditório da Caixa de Depósitos em Lisboa. Lá ocorria o encontro de jornalistas de língua portuguesa. O empresário dono de um grupo de comunicação iniciou a apresentação de sua palestra apoiado em um pirotécnico videoshow, e à medida que falava com um microfone sem fio, as imagens iam se sucedendo perfeitamente casadas com o tema. Os 50 minutos passaram rapidamente, sugados pela sucessão de imagens e sons. Quando ele terminou sua apresentação, foi muito aplaudido por portugueses, angolanos, moçambicanos, brasileiros, portugueses, cabo-verdenses, goenses, macauenses e outros espectadores.

Esses dois exemplos nos remetem ao filósofo citado no primeiro parágrafo deste capítulo, ou seja, cada caso é um caso. Por métodos totalmente diferentes os dois obtiveram sucesso no empreendimento de passar o recado da forma mais agradável e eficaz possível.

- Não se esqueça de que, por mais sofisticado que os equipamentos audiovisuais eletrônicos sejam, eles são material de apoio. Nada supera sua presença e apresentação. Você deve estar no centro das atenções e não as luzes, sons ou bits de qualquer espécie.
- Nada substitui a voz humana, mas é preciso, sempre que possível, agregar recursos de imagem e som ao que você vai dizer. Isso ajuda sua exposição, prende a atenção da plateia e torna a palestra mais agradável para todos.
- Um dos equipamentos mais eficientes e mais simples é um cartão, ou a tela do celular, com algumas ideias sobre o evento que você vai participar. Ele funciona principalmente quando você é pego de surpresa, uma vez que não constava na lista dos oradores. Não saia de casa ou do escritório sem a anotação no bolso.
- Não é exagerado dizer que ícones, símbolos, gestos, coreografias, cenários multicoloridos podem levar o auditório ao êxtase. É a lógica da sedução. E o que é melhor do que conquistar a mente e o coração das pessoas?
- Recentemente fui dar uma palestra em um *media traning* e ao chegar ao local notei uma falha no equipamento que me auxiliaria. Estava "no mato sem cachorro", e o leão chegando. Pedi ajuda à organização do encontro, para que mandasse um portador até meu escritório, mas, mesmo assim, não quis atrasar a apresentação. Pedi um *flip chart* e comecei a falar, até que o pen-drive chegou e a palestra transcorreu normal até o final. Todavia, seja mais previdente do que eu: verifique tudo antes de sair. Use aquele método de viagem internacional: passaporte, passagem e cartão de crédito.

- Todo equipamento de sobrevivência exige conhecimento prévio. Você já leu o que está escrito bem na frente de sua poltrona no avião? Fala de alguma coisa sobre o assento ser flutuante. Provavelmente as pessoas que morreram na queda do helicóptero do famoso empresário no mar se esqueceram disso.
- Deixe o fio do microfone de lado. Não fique enrolando e desenrolando, não bata nele nem com uma flor. Nem no com pedestal, nem no de lapela. Familiarize-se com o mecanismo do pedestal do microfone. Se ele despencar no meio de sua palestra, vai ser uma gargalhada geral. Caso isso ocorra, não perca a oportunidade. Não faça cara feia nem critique os organizadores. Faça uma graça, diga, por exemplo, que tinha que ter prestado mais atenção ao livro do Heródoto. Grato.
- Preste o máximo de atenção nos palestrantes que o antecederem. Anote o que eles falam. Transforme isso em um gancho para sua apresentação. Jamais deixe que o desinteresse tome conta de você enquanto os outros falam. Aproveite o tempo para avaliar as reações do auditório, vai ajudar quando for a sua vez.
- As laudas de sua apresentação devem estar numeradas, e com letras que você seja capaz de ler. A luz dos auditórios não é confiável. Já me vi em situações constrangedoras por causa dela. Verifique a luminosidade de onde você vai falar. Peça ajuda se estiver escuro, não se constranja.
- Há um equipamento de sobrevivência vital para palestrantes e apresentadores, é a RECUSA. Eu explico: se não tiver bom conhecimento do tema nem tiver treinado o suficiente, diga não. Não se entusiasme com o que você vai ganhar de cachê. Repito: RECUSE. Seja honesto, diga que não é sua praia. Espere, pois certamente surgirão palestras em que você é o bambambã. *Take it easy.*
- Não se esqueça de que o mais importante é sua fala. Não se usa efeito audiovisual só porque é bonito.
- Com treino, é possível falar e simultaneamente escrever no *flip chart*; contudo, é preciso treinar e ter experiência real. Em dificuldade, pare de falar e escreva. Cuidado com erros de português ou troca de letras. Lembre-se de que quando você fala *exceção* ninguém sabe se você usou ou não a letra "s", mas, ao escrever, todos saberão.

- Os recursos disponíveis hoje praticamente chutaram o *flip chart* para escanteio. Sugiro que você não faça isso. Deixe-o ao seu lado lá na frente. Se precisar dar ênfase a uma ideia, faça um desenho ou escreva a palavra central do tema. O ideal é escrever e não parar de falar, coisa que se adquire com *treino*. É um recurso a mais para prender a atenção da plateia.

Pinte quadros verbais sobre o tema
Use linguagem vivida, dinâmica, forte
Cuidado com os sujeitos e verbo
Use a imaginação e faça associações coerentes
Use linguagem concisanada de verborragia
Use pensamentos em grupos claros e lógicos e concisos
Use o verbo na voz ativa
Esqueça o eu, eu, eu...
Use *você e nós* – personalize a linguagem
Fique atento às palestras anteriores

Escreveu, não leu...

Get what you want being what you are.

"A língua é a única ferramenta que fica mais afiada com o uso."
Washington Irving

"Descubra as necessidades e prencha-as."
P. Kotler

Eu ouvi a frase acima em uma palestra de um jornalista, e ela se encaixa perfeitamente no momento em que você estiver redigindo o que irá falar em sua palestra ou apresentação. É bom não esquecer que a liderança não é um fim em si mesmo. A liderança, quando levada às últimas consequências, pode arrastar uma multidão a praticar crimes contra a humanidade, e a história está cheia de exemplos. A liderança é um fenômeno que só pode surgir da vida em grupo e suas propriedades são o poder, a espiritualidade e a dependência. Ela é um processo de troca e cada líder deve desenvolver uma troca, mas com os membros da equipe. Por isso, todos sabem que um líder não é capaz de resolver sozinho os grandes problemas de uma empresa. Mais do que tudo, o líder precisa admitir seus erros abertamente. Você já sabe tudo isso, ainda assim não deixe de escrever e anotar o que vai dizer aos seus liderados. O que você vai escrever transmitirá exatamente o que você é; não é possível escrever uma coisa e dizer outra. Portanto, é preciso se esmerar na redação seja de um texto completo, com vírgulas e tudo o mais, seja de um simples esquema com as ideias principais do tema.

Há quem goste de escrever laudas e laudas ou ler todo o longo discurso no seu laptop up to date. Vai do gosto do freguês. Há determinadas ocasiões, geralmente as solenes, em que é melhor escrever tudo e ler pausadamente. Se optar por essa saída não se esqueça de escrever em caixa alta, com indicativos de ponto, vírgula ou outras pausas. Leia a anotação pelo menos cinco vezes. Não é exagero. Mesmo pessoas experientes leem antes. Sinta se o que você escreveu lhe agrada. Chaplin dizia que se o autor não se emociona com a própria criação, dificilmente pode esperar que os outros o façam. Faça as leituras em voz alta, e aproveite para ensaiar os gestos que vai usar. Você não vai se arrepender de ensaiar. Fica muito melhor, mais comunicativo e as palmas no final também se tornam mais generosas. Não arrisque um vexame só por preguiça ou arrogância.

O que você espera com sua apresentação? Convencer as pessoas de suas convicções, é óbvio. Então, é necessário montar uma exposição que tenha começo, meio e fim. Não importa se você tem dez minutos ou uma hora para falar. Sempre tem que ter começo, meio e fim. Como diz um jornalista, mestre na arte de escrever bem, é preciso estabelecer uma linha de convencimento. Ela é o fio condutor da apresentação. Não se pode se afastar dela nunca, como um goleiro da linha do gol. Se se afastar, toma gol. Na palestra, dá-se oportunidade para a distração do público. Em torno do eixo do convencimento é que você constrói os elementos do que quer comunicar. É mais ou menos como um prédio com estrutura de aço que, depois de ficar de pé, tem suas colunas preenchidas com as paredes e outros acabamentos. É como ser um pedreiro literário. É fácil. Na medida em que vai desenvolvendo a linha de construção, você escora a sequência com descrições, citações, dados explicativos, depoimentos, enfim, elementos que dão consistência e credibilidade ao que está demonstrando. É mais ou menos a mesma coisa que fazíamos com a professorinha de matemática. O que você fazia quando estava na escola e lembrava dela? Eu respondo. Explicava claramente um teorema e todo mundo entendia. É verdade que aquele docinho de coco sabia fazer isso muito mais sensual, com charme e... graça. É a mesma coisa. Não largue o fio condutor nunca, nem tente criar linhas de convencimento paralelas. Uma por vez. Não vá embaralhar aquelas pobres cabeças que estão lá pacientemente para ouvi-lo.

Ao longo do papo de convencimento, ouça o conselho do experiente jornalista Miguel Dias: use o macete do repórter, verifique se sua apresentação responde às indagações: o quê, quem, onde, como, quando e por quê. Só termine a redação depois de conferir se essas perguntinhas explicativas aí atrás foram respondidas.

- O texto que você vai escrever é para ser lido. Por você, é claro. E ninguém escreve melhor para você do que você mesmo. Por isso, leia em voz alta o que escreveu para que você avalie se está ou não bom. Caso tenha um *ghost writer*, leia três vezes mais. Nada contra ele. É que ele não é você, por isso é preciso treinar mais.
- É muito importante um bom título para sua apresentação ou palestra. O título desperta a memória. Ele tem que funcionar como uma minhoca na ponta do anzol para atrair o peixão. Entenda-se aqui como peixão o alvo de sua apresentação.
- É bom que o título de sua palestra logo de cara diga do que se trata. Com isso você possibilita que quem comparecer fique comprometido com o tema e quem não se interessar procure outra atividade. Ajude-o a economizar o tempo dele, ative o conhecimento do público-alvo com o assunto. Se a pessoa não tem uma indicação que ative seus conhecimentos é mais difícil obter atenção. Claro que você não vai pôr no título a conclusão de sua apresentação.
- Memorize uma fórmula mágica, inédita, cibernética, informática, internética, infalível para escrever sua palestra: (suspense) sujeito + verbo + complemento. É tiro e queda. Não dá chabu. Sugiro que você repita essa poção filosofal até decorar. Sei que vai ser um trabalho duro, mas pelo preço que você pagou por este livro...
- Na hora de redigir a palestra, use palavras que seu ouvinte reconheça instantaneamente. Lembre-se de que os adjetivos e advérbios devem ser usados com parcimônia, uma vez que eles estão intimamente ligados à expressão de sentimentos. Há o outro lado, em frases muito longas essas palavras são memorizadas com mais dificuldade.
- Veja algumas dicas de troca:

a fim de	para
articular	preparar, organizar
implementação	realização
monitoramento	controle

não discordar	concordar
problematizar	indagar, debater
travar uma discussão	discutir

- Veja agora outras palavrinhas que devem ser evitadas ou, se usadas, explicadas:
consubstanciado
denotativo
dogmático
introspectivo
miocárdio
sincrético
subjacente
- Já disse que é possível engasgar e a palavra não sair mesmo insistindo, por isso, evite-as:
bidimensionalidade
desarticuladamente
inconversibilidade
ingovernabilidade
irrastreabilidade
- Lembre-se de que a memória grava melhor o que se diz no início da frase. Portanto, você deve começar as frases com as informações que considera mais importantes e essenciais. Use frases afirmativas, com os verbos na voz ativa.
- Você já deve ter falado uma frase na qual aparecem várias palavras terminadas em *ão*. Pois o "ão ão ão" é chamado de concerto de tuba. E não há quem aguente esse instrumento. Jogue-o no lixão, com razão, só um bobão tem a sensação de sucessão ao se livrar de um chatão. Sol menor.
- Os bons palestrantes unidos jamais serão vencidos. Abaixo a verborragia, o pedantismo, o exibicionismo, o narcisismo e outros *ismos* que só atrapalham a comunicação e enchem o saco do auditório.
- O que veio primeiro: o ovo ou a galinha? Isso eu não sei, mas entre o pensar e o escrever, indubitavelmente, desculpe-me, veio o pensar. Portanto, antes é preciso saber o que quer falar, qual a ideia que vai ser comunicada, depois escrevê-la. Não perca tempo tentando escrever o que você não sabe o que é. Só ponha o bum-

bum na cadeira depois que a ideia estiver pululando na cachola. Nenhum vento ajuda navio que não tem porto de destino. Pense, pense, pense, porca pipa!

- Não confunda pressa com rapidez. A pressa é aquela que é inimiga da perfeição, lembra?
- Deixe o texto de sua apresentação descansar um ou dois dias na gaveta. Só depois leia de novo e faça uma revisão crítica. Ler e querer corrigir imediatamente não é tão eficaz, uma vez que a gente tende a se apaixonar pelo que escreve. É uma desgraça. Por isso, deixe o texto "morgar" um ou dois dias.
- Se for necessário, leia duas ou três vezes. Você não vai se arrepender. Leia em uma cópia de papel e faça correções. Não esmoreça, jamais!
- Lembra-se do dicionário de português, aquele livrão grosso, difícil de consultar, pesado, chato? Ele foi substituido por um aplicativo. Ainda assim ele é indispensável para suas apresentações, ou, então, use o dicionário eletrônico, muito mais informático. A gramática também vale quando as dúvidas não são resolvidas pelo dicionário.
- Quantas vezes você já se viu assistindo a uma palestra de um chato? Um dos atalhos mais curtos para se tornar um é usar palavras velhas, empoeiradas, emboloradas e... longas. Se puder dizer cidade, porque você vai dizer metrópole? Mostrar erudição é outra coisa. E por falar em erudição deixe isso para o dia que você quiser defender uma tese lá na universidade. Prefira ser simples em suas apresentações gerenciais, comunicações curtas, palestras, ou participações em seminários e cursos de aperfeiçoamento. Veja alguns exemplos:

EVITE	**PREFIRA**
agente da lei	policial
ataúde	caixão
anuência	aprovação, consentimento
cadáver	corpo
condolências	pêsames
chefe da nação	presidente
data natalícia	aniversário
astro rei	sol
velho continente	Europa

enfermidade, moléstia	doença
esposa, esposo	mulher, marido
falecido	morto
fazer um telefonema	dar um telefonema, telefonar
genitora	mãe
instalação sanitária	banheiro
larápio	ladrão
lograr (êxito)	ter
latrocínio	roubo com morte
mal súbito	diga o que aconteceu
matrimônio	casamento
menor	adolescente, garoto, menino
profissional do volante	motorista
plantel	elenco, grupo
vítima fatal	morto
vindouro	próximo, que vem
via, principal artéria	rua, avenida

- Vou listar a seguir algumas expressões latinas mais comuns, caso você precise usar alguma. Só em caso de grande necessidade. Se usar, é bom saber o que ela significa.

A posteriori	Afirmar segundo as consequências já ocorridas.
A priori	Afirmar com base em hipóteses, sem prévio exame mérito.
A stricto sensu	Limitação às palavras da lei, a seu exato sentido.
Ad hoc	Para o caso. Para um determinado fim.
Ad judícia	Para o juízo, demanda, foro.
Ad referendum	Para a apreciação da indicação. Obrigação de referir.
Ad valorem	Segundo o valor. Pelo valor. Proporcional ao valor.
Avis rara	Coisa rara
Bona jide	De boa-fé (moralidade e honradez).
Carpe diem	Aproveitar o dia presente. Conselho do epicurista Horácio. (Não é o nome da revistinha da TAM?)

Cogito, ergo sum	Penso, logo existo (fundamento da filosofia cartesiana).
Commodatu	Comodato. Empréstimo de uso, gratuito.
Errata	Erro não intencional.
Et coetera	E o resto. Etc.
Fac simile	Fazer semelhante. Cópia. Reprodução exata.
Fac totum	O que faz tudo. Resolve tudo.
Fiducia	Confiança. Boa-fé. Lealdade.
Habeas corpus	Tenhas o corpo. Ação para a proteção da pessoa contra a violência ou ameaça de liberdade de locomoção, por coação ilegal de autoridade.
Habeas data	Tenhas os dados, informações.
Homo sapiens	Homem prudente, judicioso.
Honoris causa	Título de honra. Honorário. Exercer cargo *honoris causa*, pela honra.
Ibidem	Aí, no mesmo lugar (em indicação ao interlocutor ou destinatário).
Idem	O mesmo; abreviatura: id.
In dubio pro reo	Na dúvida, decide-se em favor do réu.
In limite	Desde logo, liminarmente.
In vino veritas	No vinho, a verdade.
In vitro	No vidro.
Inter vivos	Entre vivos.
Intra muros	Dentro dos muros. Na cidade.
Ipsis litteris	Pelas mesmas letras. Literalmente.
Labor omnia vincit	O trabalho tudo vence. (Vai mandar imprimir e pôr em sua mesa de trabalho?)
Manu militari	Solucionar com o poder militar.
Mea culpa	Por minha culpa.
Modus operandi	Modo de operar.
Mutatis mutandis	Mudando o que deve ser mudado.
Nec plus ultra	Não mais além. Nada melhor.
Nihil	Nada.
Non ducor, duco	Eu não sou conduzido, conduzo (divisa do Estado de São Paulo).
Opus Dei	Obra de Deus.

Pari passu	A passo igual. Simultaneamente.
Per capita	Por cabeça. Por pessoa.
Pluribus unum	Um só por todos.
Post mortem	Depois da morte.
Post scriptum	Escrito depois do principal.
Praestituta die	No prazo assinalado. (À primeira vista parece outra coisa...)
Pro rata	Em proporção. Rateio.
Seripta manent	O que se escreve, fica, permanece. (Avise sua secretária.)
Sensu lato	Em sentido amplo.
Si vis pacem, para bellum	Se queres a paz, prepara-te para a guerra. (Isso é o que mais gosta o presidente norte-americano.)
Sic	Assim. Desse modo. Textualmente.
Statu quo	No estado em que se encontra a coisa.
Superavit	Excesso de receita sobre a despesa. Saldo positivo.
Supra summu	O mais alto. (Lembra-se daquele chope?)
	Veto Eu impeço, proíbo, veto. (É um verbo!!!).
Vultus imago animi	O rosto é a imagem da alma (Lembre-se disso antes de começar a falar em público. É tão velho como Catão.)

- Essas ferramentas podem ajudar os líderes eficazes, tanto políticos como corporativos a gerar altos níveis de resposta emocional, lealdade e afeição.
- O líder deve ou não estar próximo emocionalmente de seus liderados? Há controvérsias, De Gaulle achava que era preciso manter distância e não misturar amizade com liderança.
- A proximidade pode ser fatal se o líder não for realmente autêntico. Mais cedo ou mais tarde os seus seguidores podem descobrir. E aí...

Acredite no seu conhecimento
Personalize a apresentação – cada uma é uma
Enfatize as ideias centrais
Familiarize-se com o público, local, organizadores
Descarte temas paralelos
Harmonize as ideias principais
Tenha em mente começo, meio e fim da apresentação
Prepare o tema, deixe descançar, depois faça revisão
Dispense o gongorismo e outras velharias
Palavras estrangeiras podem derrubar palestrante

Miscelânea

"Milagres às vezes acontecem, mas a gente tem de trabalhar duro para isso."
C. Weizmann

"Dois monólogos não fazem um diálogo."
L. A. Dias Silva

"Casa problema é oportunidade muito bem disfarçada."
J. Gardner

Este é aquele capítulo que sinaliza ao leitor que o livro está chegando ao fim. *Afe!*

Como já disse, tomar a decisão de liderar pessoas tem o risco embutido no desconforto da reação do sucesso ao fracasso. É verdade que as organizações buscam líderes, mas nem todos precisam ser os líderes máximos para vencer na carreira. Há os que lideram pesquisas, trabalhos acadêmicos, reformas administrativas, entidades socioambientais, e nem por isso são socialmente inferiores. Todos têm a sua importância e pode-se muito bem ser feliz sem ser um dos ícones tão festejados e imitados no mundo corporativo.

Afinal, há ou não há uma receita universal de liderança? Não, não há. Existem parâmetros, sugestões, exemplos, mas não há um passo a passo, uma fórmula única. Isso quer dizer que o contexto e a realidade condicionam o desenvolvimento da liderança.

Liderança, em última análise, é um relacionamento entre líderes e liderados, no contexto da socialização e desenvolvida em momentos cruciais da história ou da vida das pessoas, estejam onde estiverem. Sociabilidade se refere às relações afetivas entre pessoas dispostas a ver os outros como amigos. Ou não.

Para justificar o que digo, lembre-se: grandes oradores já foram a nocaute por outros menos brilhantes porque não souberam usar a estabilidade emocional.

O deputado Leão Leonino era um leão na tribuna da Assembleia Legislativa; com sua voz, entonação, gravidade, dramaticidade, potência e facilidade de falar de improviso deixava todos admirados. Quando subia na tribuna para o "pinga fogo", primeira parte da sessão Legislativa, se fazia ouvir até nas salas contíguas. Nas sessões destinadas ao debate e aprovação dos projetos, era capaz de obstruir os trabalhos com discursos intermináveis. Falava sem parar, horas e horas.

O governador não tinha interesse na abertura de uma CPI proposta pela deputada da oposição, Conceição Terezinha, para investigar a caixinha do jogo do bicho e a prostituição no governo. A lama resultante, certamente atingiria o governador e sua amante. Era preciso obstruir. Chama o Robertão. O deputado iniciou uma fala às três da tarde e deveria ficar na tribuna até às nove da noite, quando se esgotava o prazo para a votação.

Conceição, percebendo a manobra regimentar, começou a pedir apartes, sem sucesso. Robertão falou e falou, como se ela não existisse; de nada valiam os gritos da deputada para interromper o orador. Ela pôs para fora toda a sua fúria e nada, até que se acalmou e, em uma respirada do Robertão, aproveitou para dizer no microfone de apartes que ele estava prestando um desserviço ao impedir a abertura da CPI. O deputado reagiu ferozmente dizendo que ela não sabia nem o que dizia nem mesmo onde estava. Gargalhada geral no plenário. Conceição retrucou que ela sabia, mas ele não sabia onde sua mulher estava naquele momento. Silêncio geral. A deputada sacou um relatório de um detetive particular e começou a lê-lo. Inicialmente descreveu a roupa da mulher do deputado, depois o cabelo, o carro, e o seu acompanhante. O deputado campeão de oratória gelou e calou. O silêncio tomou conta de tudo. Ela fez menção de continuar a ler, ele desatou em choro e abandonou a tribuna. A CPI foi aprovada.

Vou repetir:

- Não esqueça o nome dos homenageados.
- Cuidado na introdução de sua apresentação para não prometer o que não pode cumprir.
- Nada de prolegômenos no início de sua palestra, deixe isso para o Luís Vaz.
- Deixe os arroubos de lado. O gongorismo também. "*Quo usque tendem abutere patientia nostra*", deixe para Cícero. "Nunca tantos deveram tanto a tão poucos", deixe para Churchill.
- Cuidado com citações em línguas estrangeiras, elas são craques em derrubar tanto na pronúncia como na tradução. Assim a frase de Júlio César, complemento, "*Allea jacta est*", como deve ser traduzida "A sorte está lançada".
- Não corra riscos desnecessários, como abandonar o texto da apresentação, por se achar muito seguro. O presidente Lula fez isso em uma exposição de arte chinesa e improvisou uma passagem de Napoleão pela China que nem ele sabia. O máximo do Oriente onde Bonaparte tinha estado era o Egito e a Síria.
Você, na mesma situação, o que teria feito? Nada, já que você sabe que é preciso estar preparado tanto para o Plano A, o tema proposto para a palestra, como para o Plano B, se tiver que dar uma guinada no assunto.
- Não abra sua palestra com um pedido de desculpas, não explique sua presença e não diga como foi difícil escolher o assunto. Nada disso importa à plateia. Poupe-me.
- Escolha, nas suas apresentações, a voz ativa e não a passiva. Ela é mais convincente e dá mais força ao que vai dizer. Releia o texto da palestra e faça as alterações necessárias. O sujeito da ação deve ficar bem claro.
- Evite o "eu acho", bem como aquelas muletas do tipo "hã, hum" etc. Não faça rodeios no tema e vá direto ao assunto. Mire no gol do adversário.
- Deixe de lado palavras difíceis só para demonstrar erudição. Use-as no seu MBA.

- Fale com sua plateia diretamente, não olhe de lado. Nem para baixo. Para frente, se possível olhe nos olhos da pessoa que está sentada no meio da última fila. Não fique de perfil para o público. Você já falou com alguém olhando de lado para ela?
- Use o tom coloquial o máximo que puder. Tente fazer de sua palestra um agradável bate-papo em que você comunica suas ideias e a plateia ouve com atenção.

Apresente proposta na reunião da empresa
Torne sua proposta clara
*o
Estabeleça uma disposição vantajosa dos lugares
Tenha uma aber
Defina e transmita seu papel de liderança
Encerre sua poposta com uma conclusão poderosa
Faça acompanhamento da apresentação
Em apresentações na empresa nao seja afoito
Ouça primeiro e se o seu tema náo for abordado apresente-o
Não perca oportunidades – ouse!!!!!
Não saia da reunião sem expor sua proposta
Evite o eu acho... tenha convicção

Check list

"Se nada der errado, dará, no pior momento possível."
Lei de Murphy

"Cheguei à conclusão, talvez um pouquinho tarde,
de que os discursos devem ser curtos."
Fidel Castro

"Raramente fui capaz de perceber as oportunidades
Antes que deixassem de ser oportunidades."
Mark Twain

A experiente Dorothy Leeds listou uma série de atributos para uma boa palestra que vou resumir para você. Use o resumo como um check list, no final dos capítulos aquilo que o comandante faz antes de decolar o avião. Item por item é lido e conferido no painel de pilotagem. Ele não dispensa nunca, mesmo sabendo de cor tudo o que é preciso fazer para um voo seguro. Faça o mesmo!!!

Antes de começar, mais um recadinho: você percebeu que em todas essas páginas há um assunto transversal – ética? Sem ela só é possível a liderança autoritárias e não colaboradora e servidora como proponho. De líderes autoritários a história está cheia. Ela marca a fronteira da nossa convivência, sucesso do grupo, da solidariedade humana. Ela nos ajuda não porque nos dá respostas para tudo, mas porque nos cria dilemas, nos obriga a responder se eu quero, se eu devo e se eu posso fazer isto ou aquilo. São questões instigantes e que precisamos aprender a responder no nosso dia a dia.

A liderança, assim como outras ações humanas, devem estar balizadas por princípios e valores. As principais sugestões da Dorothy estão nos finais dos capítulos, como neste:

Peça um feed back de avaliação para cada apresentação ou reunião
Avalie outros oradores e aprenda com eles
Melhor conselho: Concentre-se em suas forças
Tenha duas técnicas para aperfeiçoar cada apresentação
Nunca seja chato repito
Para a frente e para o alto – velho Adhemar

Os bambambãs das palestras

"Algumas pessoas falam um instante antes de ter pensado."
Jean de la Bauyère

"Para ser toureiro, é preciso primeiro a aprender
A ser touro."
"Visão sem ação é devaneio. Ação sem visão é pesadelo."
Ditado japonês

Ninguém quer ser liderado por um robô programado apenas para produzir resultados financeiros, mas sim por uma pessoa. E isso nada tem a ver com hierarquia. O êxito tem muito pouco a ver com os estereótipos falastrões mais comuns na esfera política. Vale muito mais veicular mensagens corretas, verdadeiras, cada um ao seu estilo. Ninguém precisa imitar o Chaplin no filme *O grande ditador.*

Volto a lembrar Churchill, que dizia que ninguém é capaz de enganar todo mundo sempre. As pessoas têm um senso de perceber a falta de autenticidade. Perder autenticidade é se inviabilizar para a liderança. O desafio para todos que aspiram ser líderes é se tornarem mais conhecidos e mais habilidosos, revelando a si mesmos, em vez de tentarem ser um outro qualquer. Por isso, sugiro que leia e grife, como eu fiz com o livro *Quem disse que você pode liderar pessoas?*, dos pesquisadores Gareth Jones e Rob Goffee.Vale a pena acompanhar os conceitos, alguns aqui reproduzidos, e os exemplos de líderes corporativos e políticos. É uma pesquisa essencial. Faça a mesma coisa com o livro do Philip Kotler, Marketing de

A a Z, publicado pela Campus. 80 Conceitos que todo profissional precisa saber. Várias citações foram tiradas dele. Além de posicionamento do líder e palestrante, dá uma claria ideia de comportamento do mundo corporativo e o que espera de uma apesentação.

Você acha que um técnico de futebol americano tem alguma coisa a ensinar para quem quer aprimorar suas palestras e apresentações? Eu confesso que não dei a mínima para o livro *Você também pode ser um líder*, até ler algumas páginas e não parar mais. O técnico e autor é Don Shula e o coautor, Ken Blanchard, um campeão de treinamento, autor do sucesso *O gerente-minuto*. Este livro é indicado para quem quer chegar à liderança no seu trabalho. É muito útil e agradável de ler. Vale a pena.

Uma apresentação em ingles é para quem tem boa proficiencia na língua. Roberto Ewald White, publicou na Saraiva, o Presentations and Meetings in English, a Practical Approach. É um manual excelente, um passo a passo para ser estudado.

Se precisar de uma boa coleção de frases sobre criatividade, dê uma olhada no livro do Roberto Menna Barreto, *Ideias sobre ideias*. São 500 pensamentos criteriosamente selecionados.

O publicitário Zeca Martins é o autor de *Deus é inocente*. Obviamente não é um livro de religião, apesar de que em alguns capítulos o Zeca fala de religião, Aristóteles, Kant, Santo Agostinho e outros menos votados. Vale a pena dar uma olhada nas crônicas de um publicitário sobre "como você se comunica e o mundo se comunica com você". Tem dicas valiosas, algumas foram aproveitadas por mim neste livro.

Também vale a pena dar uma olhada no livro do Fernandes Neto, *Convença pela comunicação*. Nele, Fernandes dá cursos de oratória e resumo, um bom "passo a passo" da comunicação pessoal e empresarial. Uma das partes do livro é dedicada à neurolinguística e à comunicação eletrônica. Gostei e recomendo.

Muito bons os artigos da Mônica Caspari, professora do Rolf Institute (Colorado, Estados Unidos), publicados na revista *Marketing Industrial*, um texto leve, agradável e dicas que realmente colaboram para melhorar a apresentação de palestras.

Vale a pena comprar o livro *O poder da inteligência emocional*, de Daniel Goleman.Vai ajudá-lo muito no caminho do uso da inteligência emocional em sua carreira gerencial e também em sua vida fora dela.

Leia e sublinhe as frases que mais o emocionem. Esse é o tipo de trabalho que a gente, de vez em quando, abre e lê tudo o que foi grifado na leitura inicial.

A experiência de liderar com sensibilidade e eficácia transcende o campo gerencial porque mexe com o ser humano todo. Espero que a leitura inspire sua criatividade, como inspirou a minha.

Um dos craques nessa história de falar em público é o Reinaldo Polito. Conheci-o quando me convidou para ser paraninfo de uma de suas turmas de oratória, e tive a oportunidade de assistir a uma palestra do professor Silveira Bueno. Ele é autor de vários livros de sucesso, entre eles o *Como falar corretamente e sem inibições*, publicado pela Saraiva. É de grande utilidade.

Conheci o Lair Ribeiro quando ele falava apenas de coração e tinha vindo dos Estados Unidos. Por puro preconceito, nunca tinha lido nada dos seus livros, mesmo tendo-o entrevistado várias vezes. Até que, passando por uma banca de sebo na Rua das Palmeiras, em São Paulo, vi lá dois livros da Coleção Dr. Lair Ribeiro, *Comunicação para o sucesso*. Comprei os dois por uma ninharia. Era a coleção encadernada dos fascículos que foram vendidos com sucesso nas bancas e para os quais eu sempre torcia o nariz. Li, gostei, sublinhei e alguma coisa apliquei aqui. Se você achar por aí, compre. Analise a técnica de redação e exposição dos assuntos. Vale a pena ver as outras indicações nas referências bibliográficas. Não deixe de ler Resilência, publicados pela Nobilis, de Cristina Bernt, best-seller na Alemanha.

Uma última dica: só aceite dar uma palestra ou exposição pública se tiver certeza do tema que querem e se está no seu escopo de conhecimento. Algumas agências contratam palestrantes para preencher programas, divertir a plateia, falar qualquer coisa sem direção. Não aceite jamais. Saber do que se vai falar em cima da hora é um pequeno passo para o fracasso. Diga não. Cuidado ao assinar contratos com temas evasivos.

Boa sorte!

Meus caminhos no jornalismo

"La ética no es condición ocasional, sino que debe acompañar siempre al periodismo como el zumbido al moscardón."
Gabriel García Márquez

"Jornalismo é separar o joio do trigo e publicar o joio."
Mark Twain

"Sim, nós podemos."
B. Obama

Neste momento do meu trabalho como jornalista estou me esforçando para desenvolver o jornalismo público nos diversos meios de comunicação em que trabalho. Estou cada vez mais convicto de que é preciso ter uma noção clara do que é interesse público e interesse do público. A sociedade tem o direito de ser informada; o jornalista, de informar. Esse processo é balizado pelos limites éticos que se contrapõem ao sensacionalismo, à espetacularização da notícia e da divulgação de fatos sem acurácia as fake News. Um dos inimigos desses parâmetros é a busca desenfreada da audiência, a transformação do noticiário em simples mercadoria que é vendida ao sabor do interesse do mercado. Isso é o que se chama de interesse do público. A exploração do bizarro, da sexualidade, da miséria humana, a violação dos direitos humanos e cometer o primeiro dos Sete Pecados do Jornalismo, enumerados por Paul Johnson: o assassinato do personagem ou a punição da vítima são as piores coisas.

Essa exploração nitidamente comercial e sem compromisso com a ética tem proporcionado a muitos programas o rótulo de programas jornalísticos, como estratégia de marketing para obter alguma credibilidade e conseguir melhores preços para sua publicidade. A isso se contrapõe o interesse público, em que as políticas públicas ocupam amplo espaço nos noticiosos, e os limites éticos norteiam constantemente os informativos. Não se trata de satanizar algumas mídias e santificar outras, e nem o jornalismo público é monopólio de emissoras públicas. O melhor dos mundos é manter sempre uma programação jornalística que reúna o interesse público e a melhor audiência com qualidade. Lamento que alguns veículos tradicionais e plataformas na web, quando não conseguem essa união, optam pelo mais fácil e lucrativo que é o sensacionalismo popularesco.

Esses são os princípios que persigo diariamente no meu trabalho, uma vez que eles são dinâmicos e de equilíbrio instável. Ninguém é ético ou isento, mas está ético e isento. Qualquer descuido pode nos levar de um canto para outro e por isso é preciso vigiar sempre. Além de reconhecer e reparar os erros cometidos contra inocentes, sejam eles personagens das reportagens, ouvintes, telespectadores, leitores ou internautas. Esses são os veículos que fazem parte do meu cotidiano: fui âncora do Jornal da CBN (Central Brasileira de Notícias) em rede nacional. Acumulei também a função de gerente regional de jornalismo do Sistema Globo de Rádio, em São Paulo, e colaborei com a direção da empresa. Apresentei o jornal da Rede Cultura de Televisão, o Roda Viva e outros programas. Semanalmente publico a Coluna do Heródoto no Blog do Heródoto R7.com em sites, jornais e revistas. Se você quiser receber cópia, faça um pedido no www.herodoto.com.br. Sou o editor do Blog.Atualmente sou editor chefe e âncora do Jornal da Record News o primeiro no Brasil em multiplataforma. Tive uma coluna mensal na *Revista Imprensa.* Esforço-me para ser um jornalista multimídia, uma vez que tenho claro que é por aí que caminha o jornalismo: levar uma informação confiável e isenta pelo meio que puder atingir o público, onde quer que esteja, principalmente em um país de extensão continental como o Brasil, onde ilhas de prosperidade estão mergulhadas em grotões de miserabilidade.

Comecei a trabalhar em jornalismo na prática na TV Gazeta de São Paulo. Entrei para o curso superior de jornalismo, na Faculdade Cásper Líbero, dez anos depois de ter concluído os cursos de História e Direito.

Portanto, sou um jornalista tardio. Meu primeiro emprego formal foi em 1975, na Rádio Jovem Pan de São Paulo, como comentarista de política internacional, aproveitando o que havia aprendido nos cursos superiores.

Raciocinar histórica e sociologicamente foi um desses aprendizados. Aos poucos troquei a profissão de professor pela de jornalista, a qual me dedico totalmente hoje. Fui jornalista no SBT (Sistema Brasileiro de Televisão), Rádio Globo e Rádio Excelsior, em São Paulo. No SBT fui o editor-chefe do telejornal local, TJ São Paulo. Fiz comentários de política brasileira na Rádio Rússia Internacional e fui correspondente nos Estados Unidos. Na TV Cultura fui editor de política, apresentador dos programas RodaViva, Opinião Nacional, Vox Populi, Cesta Básica e outros.

Tive oportunidade de publicar artigos em livros, revistas e jornais sobre jornalismo, participar de entrevistas, debates, congressos, colóquios, viagens internacionais. Em uma relação no www.herodoto.com.br. Fui agraciado com diversos prêmios de jornalismo, comendas, diplomas, menções honrosas, em que destaco o Grande Prêmio de Jornalismo Ayrton Senna, Associação Paulista de Críticos de Arte, Ateneu Rosário, Destaque do Ano – Prêmio Líbero Badaró, a lista está no meu site. Faço parte do conselho editorial brasileiro do Le Monde Diplomatique.

Como disse, sou um jornalista tardio. Essa não foi a minha primeira escolha. Filho de uma família de classe média baixa, meu pai era um pequeno comerciante, depois, tardiamente também, advogado e cultor da cultura clássica. Daí o meu nome grego. E os dos meus irmãos. Minhas primeiras profissões foram de office-boy, ajudante de mecânica e borracheiro. O canal de ascensão social era a escola. Não havia outro. Por isso passei vários anos estudando inglês, obtive uma licença, e professor de inglês foi o meu primeiro emprego formal. Fiz vestibular para o curso de História da Universidade de São Paulo. No ano seguinte fiz curso de Direito nas Faculdades Metropolitanas Unidas. Mergulhei de cabeça na História, ainda que seja regularmente inscrito como advogado na Ordem dos Advogados do Brasil – Seção São Paulo. No meio do curso interessei-me pelo Extremo Oriente e prestei vestibular no Curso de Língua Japonesa da Universidade de São Paulo, onde estudei dois anos. Fiz bacharelado, licenciatura, pós-graduação e mestrado em História e quando me tornei jornalista completava os créditos para o doutoramento. Dei aulas por 12 anos na Universidade de São Paulo, nos cursos de História da América

Espanhola e História dos Estados Unidos. Especializei-me em História Americana. Participei de cursos, colóquios, fóruns, debates, no Brasil e no exterior. Fiz pesquisas em Portugal e nos Estados Unidos. Publiquei artigos em revistas e jornais especializados.

Sou casado com Walkiria dos Santos e tenho dois filhos, Maurício e Guilherme, do primeiro casamento. Nasci em 1946 e meu hobby nos fins de semana cuidar de uma área, onde sou proprietário da Reserva Mahayana, e Hinayana ou RPPN – Reserva Particular do Patrimônio Natural – em caráter perpétuo.

Meu contato: herodoto@herodoto.com.br

Referências

"Sempre considere cada homem como um fim em si mesmo e nunca o use meramente como um meio para os seus próprios fins."
Immanuel Kant

Além dos livros já citados, vale a pena também conhecer mais alguns autores importantes:

BERNARD, Morat; BIDOT, Nelly. *Neurolinguística*: prática para o dia o dia. São Paulo: Nobel, 1997.

CASTELLLANO, Tania. *Desperte!* É tempo de falar. São Paulo-Rio de Janeiro: Record, 1997.

CORTELLA, M. S. *Qual é a tua obra?* Rio de Janeiro:Vozes, 2007. DUAILIBI, R. *Duailibi das citações*. São Paulo:Arx, 2000

FIGUEIREDO, C. *Discursos históricos*. Belo Horizonte: Ed. Leitura, 2002.

GOLEMAN, Daniel. *O poder da inteligência emocional*. Rio de Janeiro: Campus, 2002.

HILL, Napoleon. *Pense e enriqueça*. São Paulo-Rio de Janeiro: Record, 1996.

JORDÃO, S. *E agoraVenceslau?* Belo Horizonte:Tecer, 2007. KHOURY, K. *Liderança é uma questão de atitude*. São Paulo: Senac, 2009.

KLUCKZNY, Johann W;TEIXEIRA, Elson A. *Programação neurolinguística*: guia básico para pessoas e empresas. São Paulo: Makron Books, 1996.

LIMA, João Gabriel de. "A ideia que mudou minha vida". *Veja*, São Paulo. 1.800 ed., 30 abr. 2003.

OLIVEIRA, J. F. *Liderança, líderes e liderados*. São Paulo: Quális, 2009. PIOVAN, R. *Resiliência*: como superar pressões. São Paulo: Reino, 2009.

POLITO, Reinaldo. *Como falar corretamente e sem inibições*. São Paulo: Saraiva, 1989.

Assim é que se fala. São Paulo: Saraiva, 1999.

ROBBINS, Anthony. *Desperte o gigante interior*. Rio de Janeiro: Record, 1993.

ROBBINS, Harvey A. *Como ouvir e falar com ejicácia*. Rio de Janeiro: Campus, 1994.

UM JEITO bom de falar carisma – A atração ao alcance de todos.

Veja, ago. 2002.

Vale a pena ler o livro de Dorothy Leeds, *PowerSpeak* – O poder da fala. É um trabalho completo, com casos interessantes e com foco no mundo empresarial. É bom ler e grifar os pontos mais importantes do livro, inclusive o check list final.

Se quiser dominar a sua mente, buscar uma postura calma, leia o livro *Budismo puro e simples*, do mestre Hsing Yun.

Apêndice

"O homem que não é posto à prova não evolui."
Goethe

A revista *Veja* apresentou um teste que pode ser útil para avaliar suas qualidades e limitações e ele é apresentado a seguir.

Avalie seu desembaraço

O teste a seguir foi publicado na revista *Veja* e mede a capacidade das pessoas de se mostrar à vontade consigo mesmas e em público. As que têm carisma forte apresentam a dose correta de desinibição.

Instruções

De acordo com as situações a seguir, escolha uma alternativa no item "Sozinho" e outra no item "Em público". Em seguida, confira se você tem o grau de desinibição compatível com uma personalidade carismática.

Você se sente tolo ou envergonhado de:

1. Chorar sozinho

Sozinho	***Em público***
( ) Nunca	( ) Nunca
( ) Quase nunca	( ) Quase nunca
( ) Às vezes	( ) Às vezes
( ) Quase sempre	( ) Quase sempre
( ) Sempre	( ) Sempre

2. Bocejar sozinho

Sozinho	*Em público*
( ) Nunca	( ) Nunca
( ) Quase nunca	( ) Quase nunca
( ) Às vezes	( ) Às vezes
( ) Quase sempre	( ) Quase sempre
( ) Sempre	( ) Sempre

3. Dançar sozinho

Sozinho	*Em público*
( ) Nunca	( ) Nunca
( ) Quase nunca	( ) Quase nunca
( ) Às vezes	( ) Às vezes
( ) Quase sempre	( ) Quase sempre
( ) Sempre	( ) Sempre

4. Correr sozinho

Sozinho	*Em público*
( ) Nunca	( ) Nunca
( ) Quase nunca	( ) Quase nunca
( ) Às vezes	( ) Às vezes
( ) Quase sempre	( ) Quase sempre
( ) Sempre	( ) Sempre

5. Sacolejar o corpo sozinho

Sozinho	*Em público*
( ) Nunca	( ) Nunca
( ) Quase nunca	( ) Quase nunca
( ) Às vezes	( ) Às vezes
( ) Quase sempre	( ) Quase sempre
( ) Sempre	( ) Sempre

6. Fazer exercícios físicos

Sozinho	*Em público*
( ) Nunca	( ) Nunca
( ) Quase nunca	( ) Quase nunca

( ) Às vezes	( ) Às vezes
( ) Quase sempre	( ) Quase sempre
( ) Sempre	( ) Sempre

7. Rebolar sozinho

Sozinho	***Em público***
( ) Nunca	( ) Nunca
( ) Quase nunca	( ) Quase nunca
( ) Às vezes	( ) Às vezes
( ) Quase sempre	( ) Quase sempre
( ) Sempre	( ) Sempre

8. Balançar os ombros

Sozinho	***Em público***
( ) Nunca	( ) Nunca
( ) Quase nunca	( ) Quase nunca
( ) Às vezes	( ) Às vezes
( ) Quase sempre	( ) Quase sempre
( ) Sempre	( ) Sempre

9. Girar os braços

Sozinho	***Em público***
( ) Nunca	( ) Nunca
( ) Quase nunca	( ) Quase nunca
( ) Às vezes	( ) Às vezes
( ) Quase sempre	( ) Quase sempre
( ) Sempre	( ) Sempre

10. Contar uma piada

Sozinho	***Em público***
( ) Nunca	( ) Nunca
( ) Quase nunca	( ) Quase nunca
( ) Às vezes	( ) Às vezes
( ) Quase sempre	( ) Quase sempre
( ) Sempre	( ) Sempre

11. Arregalar os olhos sozinho

Sozinho	*Em público*
( ) Nunca	( ) Nunca
( ) Quase nunca	( ) Quase nunca
( ) Às vezes	( ) Às vezes
( ) Quase sempre	( ) Quase sempre
( ) Sempre	( ) Sempre

12. Escancarar a boca sozinho

Sozinho	*Em público*
( ) Nunca	( ) Nunca
( ) Quase nunca	( ) Quase nunca
( ) Às vezes	( ) Às vezes
( ) Quase sempre	( ) Quase sempre
( ) Sempre	( ) Sempre

13. Berrar sozinho

Sozinho	*Em público*
( ) Nunca	( ) Nunca
( ) Quase nunca	( ) Quase nunca
( ) Às vezes	( ) Às vezes
( ) Quase sempre	( ) Quase sempre
( ) Sempre	( ) Sempre

14. Pedir socorro em voz alta

Sozinho	*Em público*
( ) Nunca	( ) Nunca
( ) Quase nunca	( ) Quase nunca
( ) Às vezes	( ) Às vezes
( ) Quase sempre	( ) Quase sempre
( ) Sempre	( ) Sempre

15. Admitir um erro

Sozinho	*Em público*
( ) Nunca	( ) Nunca
( ) Quase nunca	( ) Quase nunca

( ) Às vezes	( ) Às vezes
( ) Quase sempre	( ) Quase sempre
( ) Sempre	( ) Sempre

16. Desculpar-se

Sozinho	***Em público***
( ) Nunca	( ) Nunca
( ) Quase nunca	( ) Quase nunca
( ) Às vezes	( ) Às vezes
( ) Quase sempre	( ) Quase sempre
( ) Sempre	( ) Sempre

17. Aceitar elogios

Sozinho	***Em público***
( ) Nunca	( ) Nunca
( ) Quase nunca	( ) Quase nunca
( ) Às vezes	( ) Às vezes
( ) Quase sempre	( ) Quase sempre
( ) Sempre	( ) Sempre

18. Cometer erros

Sozinho	***Em público***
( ) Nunca	( ) Nunca
( ) Quase nunca	( ) Quase nunca
( ) Às vezes	( ) Às vezes
( ) Quase sempre	( ) Quase sempre
( ) Sempre	( ) Sempre

19. Representar um personagem

Sozinho	***Em público***
( ) Nunca	( ) Nunca
( ) Quase nunca	( ) Quase nunca
( ) Às vezes	( ) Às vezes
( ) Quase sempre	( ) Quase sempre
( ) Sempre	( ) Sempre

20. Cantar

Sozinho	*Em público*
( ) Nunca	( ) Nunca
( ) Quase nunca	( ) Quase nunca
( ) Às vezes	( ) Às vezes
( ) Quase sempre	( ) Quase sempre
( ) Sempre	( ) Sempre

21. Ler em voz alta

Sozinho	*Em público*
( ) Nunca	( ) Nunca
( ) Quase nunca	( ) Quase nunca
( ) Às vezes	( ) Às vezes
( ) Quase sempre	( ) Quase sempre
( ) Sempre	( ) Sempre

22. Decifrar charadas

Sozinho	*Em público*
( ) Nunca	( ) Nunca
( ) Quase nunca	( ) Quase nunca
( ) Às vezes	( ) Às vezes
( ) Quase sempre	( ) Quase sempre
( ) Sempre	( ) Sempre

23. Usar fantasia

Sozinho	*Em público*
( ) Nunca	( ) Nunca
( ) Quase nunca	( ) Quase nunca
( ) Às vezes	( ) Às vezes
( ) Quase sempre	( ) Quase sempre
( ) Sempre	( ) Sempre

24. Demonstrar emoções

Sozinho	*Em público*
( ) Nunca	( ) Nunca
( ) Quase nunca	( ) Quase nunca

( ) Às vezes	( ) Às vezes
( ) Quase sempre	( ) Quase sempre
( ) Sempre	( ) Sempre

25. Expressar opiniões

Sozinho	***Em público***
( ) Nunca	( ) Nunca
( ) Quase nunca	( ) Quase nunca
( ) Às vezes	( ) Às vezes
( ) Quase sempre	( ) Quase sempre
( ) Sempre	( ) Sempre

Pontuação

Nunca = 0
Quase nunca = 1
Às vezes = 2
Quase sempre = 3
Sempre = 4

Avaliação

De 0 a 15 pontos

As pessoas com esta pontuação possivelmente foram criadas num ambiente em que nunca ouviram um não como resposta. Sua desinibição é acima da média, pois elas tendem a se mostrar incapazes de ouvir os demais e a ser menos ponderadas.

Recomendação dos especialistas: para ser mais bem aceito, controle sua tendência exacerbada à crítica.

De 16 a 50 pontos

É a média mais frequentemente obtida por pessoas com carisma. As pessoas nesta faixa tendem a agir de acordo com suas convicções, sabem expressar-se e parecem ter senso de humor e aproveitar a vida.

Recomendação: aproveite.

De 51 a 90 pontos

As pessoas com esta pontuação têm pouca espontaneidade e temem ser rejeitadas. Dificilmente se encontra alguém carismático com esse perfil.

Recomendações: respire fundo e treine suas aparições em público.

De 91 a 130 pontos

Nesta faixa de pontos estão as pessoas que se sentem deslocadas em reuniões sociais e até na escola e no trabalho.

Recomendação: faça exercícios de relaxamento.

De 131 a 170 pontos

Nesta faixa, as pessoas começam a ser dominadas por seus medos, chocam-se com facilidade e detestam qualquer tipo de risco.

Recomendação: procurar um psicólogo pode ser de grande ajuda.

De 171 a 200 pontos

Esta pontuação é atingida por pessoas que se apagam diante de si mesmas e dos outros, temem ser notadas e são incapazes de expressar seu potencial.

Recomendação: procure um psicólogo.